石井光太

血と反抗

日本の移民社会ダークサイド

幻冬舎

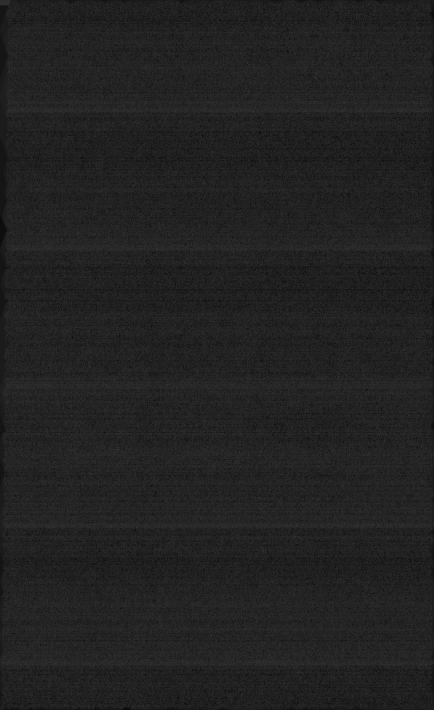

血と反抗

日本の移民社会ダークサイド

まえがき

あるハーフの高校生の死

２０２４年２月９日午後３時45分頃、静岡県の浜名湖で釣りをしていた男性から１１０番通報があった。

「釣り竿に遺体が引っ掛かった……」

警察が浜名湖へ駆け付けると、身体《からだ》に無数のあざがついた男性の遺体があった。後日行われた司法解剖の結果、死因は溺死と判明。あざは皮下出血によるものであり、暴行を受けた後に湖で溺れ死んだと思われた。

間もなく、遺体の身元も明らかになった。通信制高校に通う、同県に住む中国籍の男子高校生だった。同月４日の夜に友達のところへ行くと言って家を出た後に消息がわからなくなっていたことから、家族から捜索願が出されていた。

事件発覚から11日後、メディアが一斉に事件の容疑者逮捕を報じた。静岡県警の捜査本部が、浜松市内に暮らすフィリピンやブラジルなど外国にルーツを持つ者を含む10代～20代の者たちの身柄を押さえたと発表したのだ。

　報道によれば、被害者の男子高校生は中国人の母親と日本人の父親の間に生まれたハーフだったという。中学卒業後は、全日制高校へ通っていたが、その後に通信制高校へ編入。自宅は同県袋井市にあったが、ＳＮＳで他市に暮らす同世代の子たちと知り合い、よく浜松市にも遊びに行っていた。その中で接するようになったのが、容疑者として逮捕された不良グループのメンバーだった。

　不良グループのメンバーの多くは、それぞれ母国は違えど、外国にルーツを持つ者たちだった。仲間意識が強く、毎日のようにＳＮＳでやり取りをしたり、たまり場となっている仲間の家に入り浸ったりし、お互いを「ブラザー」と呼び合っていた。彼らの〝血〟に関するアイデンティティがそうさせたのだろう。

　だが、メンバーは些細なトラブルがきっかけで、被害者の男子高校生を監禁し暴行した。そして暴行現場から10キロ以上離れた浜名湖へ運び、まだ息のある男子高校生を真冬の凍《い》てつく湖に遺棄した。

　同じ浜松市に暮らす日系ブラジル人の男性は次のように話す。

「この町には出稼ぎ目的でやってきたブラジル人、フィリピン人、ペルー人、中国人がたくさん住んでいるんです。日本語が不得意で、工場勤務などきつい仕事をしていて、収入も低い。そんな家で育った子どもたちが、日本社会に溶け込めず、同じような境遇の者同士で集まっていることがあるんです。今回事件を起こした奴らもそういうグループの一つでした。

昔から同じ団地に暮らす人間や、同じ中学に通う人間が集まってギャングを結成することがありました。ただ最近は、SNSでつながることの方が多いかもしれません。なのでこの事件の容疑者たちみたいに、いろんな国にルーツのある奴らが集まってグループを作っても、地元でつながっているグループより関係性は薄っぺらい印象があります」

実際に、容疑者たちは複数のSNSのアカウントを持ち、市外や県外に暮らす外国にルーツを持つ同世代の者たちとコンタクトを取り、暴力性を誇示するような投稿をくり返していた。被害者の男子高校生との接点もSNSだったという。

このような者たちの関係性は、たとえメンバーがお互いをブラザーと呼び合っていたとしても、希薄であることが少なくない。メンバーが、些細なトラブルから男子高校生を暴行し、死に至らしめたのはそれも一因だったのかもしれない。

外国人労働者2世の時代

この事件に限らず、日本の刑務所や少年院には出稼ぎ労働を目的として外国からやって来た人々の子どもが一定数いる。〝外国人労働者2世〟である。

たとえば愛知県には、主に東海地方の非行少年が送致される男子用の瀬戸少年院がある。この少年院では、長らく入所者の2割前後が外国にルーツを持つ少年となっている。全国的にもこの傾向は認められており、神奈川県の久里浜少年院には、特に日本語が不得意な少年のための通称「国際科」が設置されている。

これまで私はノンフィクション作家として数々の事件を取材し、ルポを書いてきた。そこではあえて強調しなかったが、容疑者の中には外国にルーツを持つ2世も少なくなかった。

代表的な殺人事件だけでも、2013年に起きた三鷹ストーカー殺人事件――「リベンジポルノ」の存在を知らしめた事件――の加害者（事件当時21歳）の母親はフィリピン人だったし、2015年に起きた川崎中1男子生徒殺害事件でも、17歳～18歳の加害少年3人のうち2人がフィリピン人の母親と日本人の父親の間で生まれ育ったハーフだった。

前もって断っておくが、私には外国にルーツを持つ人たちを十把《じっぱ》一絡《ひとから》げにして犯罪と結びつけるような短絡的な思考はない。遡れば誰もが多様なルーツを持っているし、国籍と犯罪との間に直接的な因果関係は存在しない。外国人を安易に犯罪と結びつけるような意見は、差別的思考と言える。

だが、日本における少年犯罪だけにクローズアップした時、外国にルーツのある子どもの割合が一定数に上るのも確かだ。特に、出稼ぎを目的として来日した外国人の子どもにはその傾向が高まる。彼らと接していて感じるのは、その家庭環境や成育歴の特殊性だ。

たとえば、三鷹ストーカー殺人事件の加害者・池永チャールストーマスで考えてみたい。

フィリピン国籍の母親は、若い頃に来日して以来、長らく日本の夜の街で水商売をして生計を立てていた。そこで知り合った日本人男性との間に生まれたのが池永だった。

母親はフィリピンで里帰り出産したものの、自分で育てようとはしなかった。幼い池永をフィリピンのスラムに暮らす親族に預け、自分だけが日本に帰り、再び水商売をはじめたのである。それから約2年もの間、池永はフィリピンに置き去りにされている。

やがて池永は日本に連れてこられたが、母親は水商売や客との遊びに没頭し、育児といえるようなことはほとんどしなかった。まだ日本語がほとんどできないのに託児所に預けっぱなしにしたり、同じフィリピン人の友達の家に置き去りにして何日も会いに行かなかったりした。稀に母親が家に連れ戻しても、子ども嫌いな父親が池永の存在を疎《うと》ましく思い、暴力を振るう、ベッドに縛り付けるといったことをした。

池永が4歳の時、母親は夫と別れたが、すぐに同居をはじめた新しい恋人は夜の街で知り合った暴力団組員だった。この男性は気性が荒く、池永に凄惨な虐待を行った。殴る蹴るに加え、ライターで体をあぶる、水風呂に沈めるといった拷問まがいのことも日常茶飯事だった。

このような家では、池永が助けを求める先は母親しかなかったはずだ。だが、母親もまたこの男性から激しいDVを受けていたことから、仕事を口実に家にはほとんど帰ってこなかった。

見捨てられた池永は汚れきった小さなシャツとサンダルといった格好で、毎日のようにコンビニへ行ってゴミ箱を漁り、残飯で空腹を満たした。男性の暴力を恐れ、一時期は公園で寝泊まりしていたこともあった。

そんな彼にとって、学校も安心できる場ではなかった。同級生から「フィリピン人」と呼ばれて激しいいじめに遭っていたのだ。何日も風呂に入れない、文房具を持っていない、給食費を払ってもらえない……。これでは同級生から嘲笑の的になるのは仕方のないことだっただろう。こうした不条理の中で育ったことが、池永の認知を大きくゆがませ、殺人者へと変えていったのである――。

日本にも劣悪な家庭環境で育った子どもは数多く存在する。ただし、移民2世の場合は、日本人とはそのあり方が異なる。

池永のケースのように、外国のスラムの家に置き去りにされるとか、幼少期に何カ月も公園や河川敷でホームレスをするといった異常な体験に加え、アイデンティティの欠如、親とのコミュニケーション不全、外国人差別といった、外国にルーツのある子ども特有の困難を抱えていることが多い。

なぜ、そのようなことが起こるのか。

社会背景として挙げられるのが、日本の外国人受け入れ政策の根本的なゆがみだ。詳しくは後述するが、主に1980年代以降、日本は労働者不足を補うために、その時々で法律を作り変え、主にアジアや南米の開発途上国から外国人を大勢受け入れてきた。政府は正式には認めていないが、実質的な移民政策と言える。

しかし、それは先進国の政策としてはあまりにずさんであり、外国人の生活や人権をほとんど無視したものだった。国際機関から「人身売買」「奴隷制度」とまで指摘されたこともあったほどだ。

その結果、日本に働きに来た外国人たちが多種多様な困難に直面し、そのしわ寄せがもっとも弱い立場の子どもたちにいったのである。これが、日本に暮らす移民2世が抱えている「闇」なのである。

日本に先んじて大量の移民を受け入れてきた欧州では、数十年前から社会からこぼれ落ちた移民2世の問題が注目されてきた。

貧困家庭で育ち、世間から激しい差別を受け、大人になっても居場所を得られない2世たち。彼らの一部が社会への憎悪から反社会組織を結成したり、国際テロ組織に身を投じたりして、国内外の治安を脅かす出来事が起きているのだ。中でも国内で暮らす4人に1人が移民系か外国人とされるドイツは、「移民の統合に失敗した国家」とまで言われている。

現在の日本が直面しているのは、まさに数十年前から欧州諸国が直面してきたのと同じ問題なのである。

冒頭のような事件として社会に表出するのは氷山の一角にすぎない。水面下では、社会から外れた2世たちが独自のコミュニティを形成し、日本人には想像もつかない、もう一つの〝裏の社会《パラレルワールド》〟を作り上げている。

本書で光を当てるのは、日本で子ども時代をすごした2世たちが、日本の制度のゆがみ、外国人差別、貧困といった理不尽な現実によって社会からはじき出され、道を踏み外していくプロセスだ。彼らは生まれついての犯罪者ではなく、数多《あまた》の不条理に押し流されて、それに抗っていくうちに犯罪をせざるをえなくなった者たちである。逆に言えば、彼らが犯罪に手を染めるようになる過程を明らかにすれば、日本が抱える社会課題が自ずと浮き彫りになる。本書があえて社会から外れた2世たちを取り上げる意義はそこにある。

本書では章ごとに日系人（ブラジル、ペルー）、フィリピン人、ベトナム人など国籍で分けている。それは彼らが日本に来ることになった社会背景や時代背景、それに彼らが形成するコミュニティが、ルーツによって大きく異なるからだ。

本書に登場する日系ブラジル人の若者がこうつぶやいていた。

「日本に連れてこられなければ、俺が犯罪をすることはなかったはずだ」

これを犯罪者の責任転嫁だと一笑に付すのは容易《たやす》いだろう。だが、そうすることで問題の本質を見誤ることはないだろうか。

この言葉の意味を、彼らが日本で体験した現実から考えていきたい。

血と反抗　目次

装幀　鈴木成一デザイン室

装画　TAL R “The Looook” 2007 oil on canvas 200×200 cm
Photographer: Jochen Littkemann
Copyright: Paradis/Tal R - Copenhagen

DTP　美創

第一章　外国人ギャングというコミュニティ――ブラジル、ペルー

ギャングが巣くう団地

静岡県磐田《いわた》市の郊外に流れる太田川の脇には、青々とした田園が広がっている。その中に古めかしい5階建ての団地がある。「磐田東新町《とうしんちょう》団地」だ。

2008年に起きたリーマンショックの前まで、この団地の入居者の半分以上が、南米出身の日系人労働者とその家族たちだったという。当時、団地の壁や塀にはカラースプレーで派手な落書きがされ、いたる所に大量のゴミが散乱していた。暑い日には住民たちは日中から半裸でビールを飲み、そこかしこで小競り合いを起こしていた。

こうしたこともあって、東新町団地は地元住民から〝スラム街〟と呼ばれていた。若者たちは若者たちで学校へ行かず、団地に暮らす日系人だけでギャンググループを結成していた。足の先から首や顔にいたるまで全身にタトゥーを入れ、夜になると街へ出ていって窃盗や恐喝をしたり、地元の日本人不良グループと抗争をくり広げたりする。そのせいでパトカーが団地を見回りに来

るようになったそうだ。

２０１３年、この団地で育った若者たちによって、一つのラップグループが結成された。１９９０年代半ば〜後半生まれのメンバー６人で構成された「GREEN KIDS」だ。４人がブラジル国籍、１人がペルー国籍、１人が日本国籍。幼い頃から見てきた団地の人々の生きる姿や、社会の不条理をうたい上げて一躍脚光を浴びた。

このグループのメンバーで、ペルー国籍のＡＣＨＡ《アチャ》は言う。

「俺らの親たちの代は日本語がしゃべれないまま日本に来て、この団地と工場を往復する毎日だった。最初は数年で帰国しようとしていたらしいから、日本語や日本文化を学ぼうという気持ちはなかったらしい。団地ではみんながポルトガル語やスペイン語で会話をしていたしね。

そうしたこともあって、団地には完全に日本社会から隔絶されたような空気があった。『スラム街』って呼ばれてたけど、本当にそんな感じだった。朝から酔っぱらった裸のおっちゃんが怒鳴っていたり、木の棒を振り回したりしていた。

今思えば、団地の大人たちは日本の生活に耐えられなくなって、自棄《やけ》になっていたのかなって思う。メンタルを病んでいる人たちも多くて、時々自殺も起きていた。俺自身、同じ棟に暮らす人が飛び降り自殺をするのを目撃したこともある」

良くも悪くも、団地は日系人労働者にとって〝聖域〟だったのだろう。日本の社会の中にあって、団地の敷地内だけは自分たちの土地であり、アイデンティティの拠《よ》り所《どころ》だったのだ。

それゆえ、たまに地元の暴走族が団地を襲撃しにきたり、下着泥棒が入ってきたりした時は、侵入者と見なして大人から子どもまでもが集まって袋叩きにして追い出した。

彼らがそこまで団地という聖域を守ろうとしたのは、一歩外へ出れば日本人による理不尽な差別が待っていたからだ。親たちは仕事先の工場では安い賃金で重労働をさせられていたし、街では犯罪者のような扱いを受けていた。地域住民からの排斥運動もしばしば起きていた。

子どもたちも同様だ。学校へ行こうとすれば、通学路の途中で日本人の子どもたちが待ち伏せし、罵詈雑言を浴びせかけたり、突き飛ばしたりしてくる。日系人の子どもたちは身を守るために日系人同士で通学路とは別の道を歩かなければならず、そこは〝ガイジン・ロード〟と呼ばれていた。

学校の中でも同じだった。机に彫刻刀で悪口を彫られる、体育の授業で仲間外れにされる、給食で魚や梅干など苦手な日本食を食べろと強いられる……。日本語が下手なので言い返すことができず、かといって激昂して相手に突っ掛かっていけば、教師から暴力的な外国人だと決めつけられて親が呼び出された。

ＡＣＨＡによれば、こうした中で道を外れる子がたくさんいたという。

「日本に来てすぐに、クラスメイトからいじめられたり、先生から差別されたりしたら、学校が嫌になるのは当たり前だろ。親からも１、２年で祖国《くに》に帰ると言われていたので、逆境に耐えてがんばろうという意識も生まれなかった。

それで学校へ行かずに団地をブラブラしていると、悪い大人や先輩から声をかけられるんだ。うちの親は真面目な人間だったんで、『団地の悪い人と付き合うな』って言っていたけど、こういう人たちは他の誰よりも俺にやさしくしてくれて、食べ物をくれたり、音楽を聴かせてくれたりするからガチで楽しかった。それでだんだんと悪い道に入っていったんだよ」

団地の日系人の子どもの中には、このように、道を踏み外していく者が少なからずいたのである。

ＡＣＨＡはこうした人間関係の中で非行をしはじめたが、その中で「パウダー」と呼ばれる違法ドラッグにのめり込んだ。仲間から勧められて初めてやった時は、「まるで全身の毛穴という毛穴から何十分も射精しつづけるくらいの快感」が襲い掛かってきたという。

それ以来、彼は団地の仲間と共に盗んだ物を売っては金を作り、違法ドラッグを乱用する日々を送った。パウダーは1グラム３０００円で売られており、1回で4、5時間の効果があった。ドラッグの販売店は午前3時までオープンしていたので、毎日その時間までに何とか金を作って吸引するのに必死だった。

ＡＣＨＡの言葉だ。

「17歳の時に、家族がみんな祖国に帰ってしまって、俺だけが日本に取り残された。それでも団地に暮らすおじさんにパンを恵んでもらいながら、ドラッグをやりつづけていた。吸っている間は天国にいるような気持ちなんだけど、効果が切れると鬱《うつ》みたいになって『死にたい』と思うようになる。それが怖いから、また悪いことをしてでも金を作ってパウダーを買いに行く。生きているか、死んでいるかわからないような感覚だった」

周囲に暮らす日本人からすれば、ＡＣＨＡのような若者は無法地帯と化した団地で違法ドラッグにのめり込む不良でしかなかっただろう。だが、実情は祖国にも家族にも見捨てられた子どもたちが、ドラッグに溺れて生死の間を彷徨《さまよ》っていただけだったのだ。

日本全国を見回すと、このような団地は決して珍しくはない。東海地方にも、北関東にも、東新町団地のような地区がいくつもあった。

日本でこのような荒れた生活をするくらいなら、祖国に帰った方がいいのではないかという意見もあるだろう。だが、日系人労働者の１世ならともかく、その子どもたちの世代はそんな選択肢を持ち合わせてはいなかった。

ＡＣＨＡは家族が帰国した後も10代で単身日本に残った理由をこう話す。

「俺らにとって、生まれた国は祖国じゃない。東新町こそがホームなんだ。それ以外の場所で生きていくなんて考えたことはない」

メンバーが服を脱いで見せてくれたのは、全身にくまなく彫られたタトゥーだ。その中にはひときわ大きな文字で「東新町」という文字や、「０５３８」という数字が彫られていた。後者の数字は、静岡県磐田市の市外局番だ。

これは、GREEN KIDSのメンバーだけに特有な趣向ではない。後に紹介する別の地域の日系人ギャングも、同じようなタトゥーを入れている。岐阜県可児《かに》市に暮らすグループは市外局番の「０５７４」、愛知県豊田市のグループは同じく「０５６５」の数字を、首や腕など身体の目立つところに大きく彫っていた。

可児市に暮らす日系ブラジル人は次のように話した。

「たしかに俺はブラジル生まれだけど、人生の８割を可児ですごしているし、友達もみんな可児にいる。俺にはここしか生きる土地はないという気持ちを込めて、このタトゥーを彫ったんだ」

おそらく、日本人の両親の下で生まれ育った人でも、町名や市外局番をタトゥーで彫るほど故郷に愛着を抱いている人は少ないだろう。いや、郷土愛があったとしても、それが市外局番への執着にまで及ぶ人はほとんどいないはずだ。だが、私が出会ったギャングを名乗る若者たちは、子ども時代をすごした土地への愛情を市外局番にまで敷衍《ふえん》して捉えていた。

第一章ではこうした若者たちの気持ちを明らかにするために、道を外れた日系人労働者２世に光を当ててみたい。

新たな労働力としての日系人

ギャングとなった日系人労働者２世が南米から日本にやってくることになった経緯を見ていこう。そのためには、１９８０年代の日本の状況を考えなければならない。

日本がバブル経済へと向かう好景気に沸いていた時代、国内で南米出身の外国人の姿を見かけることはほとんどなかった。都心のビジネス街で働くのは欧米人、夜の街で働くのはフィリピン、タイ、中国といった東南アジアや東アジア出身の人々、そして日中に建設業などで働くのはパキスタン、バングラデシュ、イランといった南アジアや中東出身の人々だったのだ。

パキスタンとバングラデシュは、第二次世界大戦後に南アジアの大国インドから独立した国家だ。国内の経済が低迷していたため中東へ出稼ぎに行くことが多かったが、1980年代半ばから は出稼ぎ先として経済発展著しい日本の人気が高まる。

それから数年遅れて、パキスタンの隣国イランからも出稼ぎ労働者が押し寄せてくるようになった。イランでは1988年に8年に及ぶイラン・イラク戦争が終結したものの、町は破壊され、経済は行き詰まり、大勢の若者たちが仕事にあぶれていた。そこでパキスタン人やバングラデシュ人を真似るようにして、好景気の日本へ仕事を求めてやってきたのである。

1980年代後半～1990年代初頭にかけて、日本の建設関係など肉体労働の現場は彼らなしでは成り立たなくなっていたが、その就労形態には大きな問題があった。不法就労だったのだ。当時は渡航に際してビザが不要だったため、彼らは観光名目で来日し、そのままオーバーステイ（不法滞在）で就労していたのである。

この時代を知る、神奈川県で建設会社を経営する男性は次のように話す。

「今も昔もそうだけど、現場の肉体労働は大変なので、日本人の働き手がぜんぜん集まらないんだよ。特にバブルの頃は日本全国で仕事があったので、どれだけ雇っても追い付かない状況だった。それで日本の会社はオーバーステイだと知っていても、外国人を雇わなければやっていけなかったんだ。1人を雇うと、そいつが親戚や友達を次々と呼んでくれるので、あっという間に増えていった。

外国人はみんな仕事に関しては真面目だったよ。日本人の場合は落ちこぼれが仕方なく肉体労働をすることが多かったけど、パキスタン人、バングラデシュ人、イラン人はそこそこ優秀な人たちが日本で稼ぐことを目的としてやってきていたので仕事に熱心だったし、人柄も良かったんだ。

外国人の給料は、日本人と比べて7、8割に設定していたところが多かったかな。日本人が30万円だとしたら、外国人は20万~25万円くらい。ただ、こっちでアパートを契約して住まわせてあげたり、週末ごとに外食や観光に連れて行ったりしていたから、決して安いわけではなかったと思う」

企業側は、仕事を回していくためにオーバーステイに目をつぶり雇っていたのである。警察もこれには一定の理解を示していたようだ。彼はつづける。

「警察もうちらの業界の事情を知っていたので、オーバーステイでの不法就労は暗黙の了解だった。外国人が酔ってトラブルを起こしても、社長の俺が呼び出されて『ちゃんと管理してくれよ』って言われるくらいだ。傷害事件などよほどの悪さをやらかさない限り、パスポートを出せと言われることはなかった」

当初は実質的に見過ごされていた不法就労だったが、外国人労働者の数が増えれば、それだけ素行の悪い者も入り込んでくるようになる。そうした一部の外国人労働者がトラブルを起こしたり、犯罪に手を染めたりしはじめると、だんだんと日本人の間から懸念の声が上がりだした。

日本政府はこうしたことを受けて、外国人の受け入れ政策を大きく見直すことを決断する。まず1989年にパキスタン、バングラデシュからの入国に関してはビザの取得を義務付けることによって、入国を大幅に制限した（イランのビザ取得の義務付けは1992年）。

そして1990年、日本政府は南アジアや中東の労働者の代わりに南米に暮らす日系人を呼び寄せる政策を実施する。入管法（出入国管理及び難民認定法）を改正し、南米に暮らす日系人が来日し、国内で就労できる仕組みを作ったのだ。これによって日系2世、3世、そしてその家族が在留資格を得て来日し、日本で定住し、就労することを可能にした。

これによって、南米から来日する日系人労働者が右肩上がりに増加していく。在留ブラジル人の数だけ見ても、1990年には5万人強だったのが、わずか10年で4倍以上の20万人強となり、最盛期には30万人を超えることになる。

国は表向き日系人が自らのルーツをたどれるようにするための政策だと説明していたが、実際は南アジアや中東出身の不法就労者を切り捨て、代わりに日系人を労働力として招き入れるための政策となっていた。

日系人労働者が日本に出稼ぎに来るパターンは大きく分けて二つあった。人材派遣会社に登録して費用を払う代わりに就労先や居住先を斡旋してもらうか、日本に暮らす親戚や知人を頼って自力で仕事を見つけるかだ。いずれにせよ、彼らを取り巻く状況は厳しかった。

行政で通訳や支援を長年行ってきた女性は次のように話す。

「日本に出稼ぎにやってくる日系人は、ブラジルでもファベーラ（スラム）などに暮らす貧困層が少なくありませんでした。ブラジルで学歴もスキルも持たず、安定した収入を得られない人たちが、一攫千金《いっかくせんきん》を狙って日本に出稼ぎにやってきたのです。

でも、彼らが日本で見つけられた仕事は工場での単純作業や肉体労働、それに清掃業といったものばかりでした。日系人とはいえ、日本語も日本文化もまったくわからずに来ているのですからそうなりますよね。このため、彼らが仕事をして得られる収入は、当初の想定を下回っていたのです」

そもそも日系人労働者は、パキスタン人、バングラデシュ人、イラン人が担っていた3Kの仕事の穴埋めをすることを求められていた。しかも日系人労働者が来日した時期はバブル崩壊後の「失われた10年」であり、労働環境は悪化の一途をたどり、賃金も減る一方だった。

さらに言えば、彼らにはイラン人など単身で来日していた外国人労働者にはない負担があった。合法であるがゆえに、家族を連れて来日していたり、日本で日系人同士で結婚して家族を作ったりしていたのである。これによって家計の支出が大きくなり、子どもたちも異国の地で異文化の壁にぶつかった。

先の女性は話す。

「工場などで働いて得られる収入は、最低賃金だったので月に十数万円でしたから、家族に子どもが3人いたとしたら共働きでもギリギリです。貯金や仕送りなんて夢のまた夢ですよ。そうなると、最初は2、3年働いてお金を貯めて帰国するつもりだったのが、どんどん延びていくことになります。

かわいそうなのは、子どもです。小学校の低学年までに来日して、日本の保育園や学校に入れば、1、2年で言葉や文化の壁を乗り越えられます。しかしそれ以上の年齢の子たちだと、言葉や文化の習得に時間がかかりますし、外国人差別なども加わって途中で挫折してしまうこともある。現在ならいろんな支援体制が整っていますが、1990~2000年代は一部の地域を除いて、支援はないも同然でしたから、日本に順応できない子どもがたくさん出てきたのです」

親は過酷な労働で疲れ果て、目標も見いだせぬまま日々の単純労働をこなすことしかできない。そんな彼らの居場所が家にしかなければ、配偶者と衝突したり、心を病んだりするのは仕方のないことだ。

家庭環境が悪くなれば、子どもたちの身にも様々な災いが降りかかる。生活困窮によって食事や衣服を与えられない、親からはけ口にされて虐待を受ける、異国の地でアイデンティティが確立されない、学校へ行ったら行ったで、同級生から外国人差別を受けたり、日本語の壁にぶつかって学業不振に陥ったりする……。

こうした状況を学校の先生たちは目の当たりにしてきた。磐田市で公立小学校の教員を務めていた女性は話す。

「クラスによっては3、4割くらいが外国人の子たちでした。彼らは自分の意思に関係なく突如として親の都合で連れてこられるので、日本語がしゃべれないどころか、給食は日本食なので口にすることすらできない。家でご飯を食べさせてもらっていない上に、給食でも牛乳、魚、汁物が食べられないとなれば栄養失調の状態になります。

授業中、彼らは言葉が通じないストレスで騒ぐことがよくありました。ちょっと気に入らないことがあれば、相手を叩くとか、物を壊すとかする。授業中も外国人の子たちが勝手に外に出て、廊下や校庭でサッカーをして遊んでいるなんてことはザラでした。

教員にしてみれば、親も子も日本語が通じないので注意することもできません。どうしようもないので、『遊ぶなら家に帰りなさい』と学校から追い返すしかなかった。今から考えればとんでもないことなのですが、あの頃は外国籍の子に対する指導のお手本がなかったので、とにかく日本人の生徒を守り、授業を進めることで精一杯だったのです」

現在、外国籍の子どもが多い学校では、入学の前に一定期間日本語や日本文化を学ぶ施設に通わせたり、学校に通訳や支援員を配置したりすることによって、社会に溶け込むためのサポートを行っている。だが、当時は支援制度が脆弱で、日本の子どもたちの教育を成り立たせるために、外国人を排除していた現実もあったのだ。

こうしたことを象徴するのが、外国人の不就学だ。不就学とは、不登校とは異なり、小中学校に学籍を置いていない状態のことだ。日本では外国籍の子どもは小中学校へ入ることができるが、原則として義務教育の対象外になっている。そのため、親や本人が学校へ入りたいと思って正規の手続きを取らなければ、義務教育を受けることすらできないのである。

2007年に行われた文部科学省の12の自治体を対象にした調査では、外国籍の子どものうち不就学と就学の有無が確認できない子を合わせると、全体の約18・6%になった。これに不登校を加えれば、どれだけの外国籍の子どもたちが学校の枠組みからこぼれ落ちていたかわかる。そして、そうした子どもたちの一部が、ギャングとなって反社会的な行動に及ぶようになっていくのである。

ギャングへの道

日系人2世たちは、どのようにしてセーフティネットからこぼれ落ち、ギャングとなっていったのか。具体的に3人の男性の例から見ていきたい。2人はブラジルにルーツを持ち、もう1人はペルーである。

エドワルド（愛知県、ブラジル国籍）①

両親はブラジルのサンパウロで暮らす幼馴染《おさななじみ》だった。共に日系3世だったことから、気が合ったのかもしれない。二人は21歳の時に結婚。その後、スーパーや工場での仕事、荷物の配送といった仕事を共働きでしていたが、賃金は安く生活は常に困窮していたようだ。

結婚翌年に長男が誕生し、次いで長女が生まれたが、その直後に父親が交通事故に遭って大怪我をした。1年間の入院とリハビリが必要になり、仕事も失った。

ようやく回復した後も、父親は事故の後遺症で片足に軽い障害が残り、なかなか新しい仕事を見つけることができなかった。母親は内職を掛け持ちしたが、生活再建の目途は立たず、借金だけが増えていく。このままでは家庭が壊れてしまう。

この時、母親が金を借りていた遠い親戚からこんな提案をされた。

「日本へ出稼ぎに行ってみたらどうだ？　うちの甥が日本へ働きに行っている。ブラジルよりずっと稼げるらしいぞ」

夫婦は日本人の血を引いているとはいえ、日本語はまったくわからなかった。祖父母が早死にし、親の代で日系人以外の血も入ったことから、文化が途切れていたのだ。それでも、借金の返済をするには、日本へ出稼ぎに行く以外に道はないと思った。夫婦は親戚や友人からさらに金を借り、幼い子どもたちと共にブラジルを発つことにした。

家族が日本で最初に暮らしたのは群馬県だった。そこに住んでいた遠縁の日系人に紹介された工場に勤めたのである。だが、2年もしないうちに、工場で大量リストラが断行されたことから、夫婦は愛知県にある別の工場で働くことになった。この地で生まれた第三子が、次男のエドワルドだった。長男とは7歳違いだ。

　エドワルドの記憶によれば、両親は不仲で、毎晩のように大声を張り上げて言い争いをしていたという。父親は仕事から帰ると、安価な日本酒を飲み、酔った勢いで怒鳴り散らしたり、物を投げたりする。母親も気性が荒くつかみかかっていくので、殴り合いに発展する。そのせいで、家の壁や床は夫婦喧嘩の際に負った傷の血で赤褐色に汚れていたらしい。二人は日本語が話せなかったというから、外で気晴らしをすることすらできず、狭い家の中でストレスをぶつけ合っていたのだろう。

　夫婦関係が破綻したのは、エドワルドが小学4年の頃だった。母親がトイレにいたところ、酔って帰ってきた父親がドアを蹴り壊して殴りつけたらしい。台所へ逃げた母親は、包丁を手にして自らの首に突きつけて言った。

「今すぐ出ていって離婚しろ！　でなければ、この場で私は自殺する！」

　父親がためらっていると、母親はその場で自分の手首を軽く切った。父親はそれを見て臆し、家を出ていった。

　数時間後、知人の日系人から電話があり、予想もしなかったことを聞かされる。自宅を出た後、父親はその知人の家に行き、酔った勢いでそのマンションの3階から飛び降りたのだという。

　だが、母親は心配するどころか、「夫とは離婚する」と言って見舞いにすら行かなかった。父親は病院に運ばれてかろうじて一命を取り留めたが、二度と家族のもとに顔を見せに来ることはなかった。

その後、母親はシングルマザーとして工場と清掃の仕事を掛け持ちし、3人の子どもを育てた。だが、長男と長女が非行に走って少年鑑別所や少年院に送られるなどしたことから、母親はその鬱憤《うっぷん》を末っ子のエドワルドにぶつけるようになる。

エドワルドは振り返る。

「母さんは日本語ができなかったし、友達もほとんどいなかった。それでも日本に残ったのは、俺ら子どもたちを思ってのことだったと思う。兄貴と姉貴が揃ってグレて言うことを聞かなくなった。そのせいで母さんはむしゃくしゃした思いを末っ子の俺に暴力でもって晴らしていたんでしょう。

今考えれば、母さんが俺にしたのは虐待ですよ。わざわざ俺を殴るために、角を丸くした木材の棒を用意してリビングのテーブルに置いていたくらいですから。毎日それで殴られていたんで、いつも体があざだらけで、夏でも半袖の服を着ることができなかった。肘と指を骨折して今も少し曲がっています。

そんなこともあって俺は俺で母さんと顔を合わせるのが嫌で、小6くらいからは母さんが帰宅する午後11時くらいになると、急いで近くの団地の駐車場へ行って朝まで時間を潰していました。母さんが捜しに来たことはないです。その時の俺は何やってたんでしょうね。ぜんぜん覚えてない。ただボーッとしていたのかも。俺は母さんの出勤時間が過ぎてから家に帰るんですが、外じゃほとんど眠れないんで、そのまま学校へ行かずに夕方まで寝てました」

深夜の駐車場にいて警察に保護されたのは2回だけだった。だが、「親子喧嘩による一時的な家出」と処理されて、自宅に帰されただけだったという。警察も日本語の通じないブラジル人の家庭に介入したくなかったのかもしれない。

生活環境が変わったのは、エドワルドが中学1年の時だった。ある日、家に帰ったところ、見知らぬ日系人の男性がリビングでテレビを見ていた。誰なのだろう。母親が現れて言った。

「彼は私の恋人。うちで一緒に暮らすから」

この日から、男性が同居するようになった。年齢は母親より10歳くらい上だった。男性はとにかく細かな性格で、エドワルドと顔を合わせれば「勉強しろ」「掃除しろ」「食事を作れ」と横柄な態度で命令してくる。少しでも反抗するような態度をとれば、容赦なく鉄拳が飛んできた。エドワルドの中で男性への反感が日に日に高まった。

数カ月後、エドワルドは我慢の限界に達して家を飛び出し、兄が一人暮らししているアパートへ行って相談した。この頃、兄は肉体労働をする傍ら、同じ日系移民2世の仲間とつるんでギャングを結成していた。

この日、折悪しく、兄は違法ドラッグをやっており、どう見ても異常なテンションだった。彼はエドワルドの話を聞くと、呂律の回らぬ口調で「そ、そいつを、ぶっ、ぶっ殺してやる！」と言いだした。そして鉄パイプを持って実家に乗り込み、男性を乱打して重傷を負わせたのである。

アパートにもどってきた兄は、エドワルドに言った。

「もう家に帰らなくていい。これからは俺のアパートで楽しく暮らそうぜ」

エドワルドも兄と一緒にいたいと思った。

だが、数日後、そのアパートに警察が押し入ってきて兄を逮捕した。実家で暴行された男性が訴えたのだ。兄は少年院へ送られ、エドワルドは実家に帰されることになった。

ペドロ（愛知県、ブラジル国籍）①

ラップのジャンルの一つに「ギャングスタラップ」がある。1980年代後半〜1990年代のアメリカで流行したスタイルで、元ギャングのラッパーが暴力、違法ドラッグ、セックスといった題材をリリックに乗せて歌うものだ。

日本のラップの世界でも、2000〜2010年代にかけてギャングスタラップが流行した。そのラッパーの一人が、国内でも有数の大規模な日系人労働者が暮らす愛知県豊田市の団地「保見《ほみ》団地」で育ったペドロである。アーティスト名は「Playsson（プレイソン）」だ。

ペドロの母親が生まれ育ったのは、ブラジルのミナスジェライス州にある町ベチンのスラムである。バラックがひしめく地区は治安が悪く、ギャングによる抗争で白昼から銃声が鳴り響くような環境だった。母親は若い頃から地元の不良らと親交があり、高校在学中にペドロを妊娠し結婚をする。

だが、10代の少女と不良の結婚生活は初めから波乱つづきで、わずか2年で破局を迎えた。母親は幼いペドロを育てるため、いくつもの仕事を掛け持ちしていた。毎日早朝に家を出て、帰宅するのは深夜。初めの頃は親戚や知人に面倒を見てもらっていたが、4歳、5歳と大きくなっていくにつれ、ペドロは母親に会えない寂しさを埋めるように、スラムに巣くうギャングたちとつるむようになっていった。

彼は当時を回顧する。

「ガキの頃から周りはギャングだらけで、腹が減れば店から盗むか、通行人から金を脅し取るかするのが当たり前だった。小学生でも普通に銃を持って強盗をしていたからね。俺もそんな奴らに囲まれて育ったから、小学校へ上がる頃にはまったく罪の意識を持たずに同じことをするようになっていた」

スラムでは、ギャングとの出会いの場はいくらでもあり、子どもたちがその文化に染まるのは日常茶飯事だったという。

たとえば、ベチンのスラムには複数のサッカーチームがあり、週末に開かれる試合は住民たちの貴重な娯楽だったそうだ。このサッカーチームのサポーターであり、スポンサーであったのが地元のギャングだった。

試合の日になると、派手な格好をしたギャングたちが大挙してサッカー場に押し寄せ、観客席を埋め尽くす。そして両陣営に分かれて、酒やドラッグをやりながら応援するのだが、エキサイトするあまり物を投げ入れたり、スタジアムに乱入したりし、時には銃を乱射する者もいる始末だった。また、試合中に観客席のギャング同士がぶつかって抗争になるのもお馴染みの光景だった。

小学校に上がる頃には、ペドロは自分をギャングの一員だと考え、何のためらいもなく人に暴力を振るったり、恐喝をしたりするようになっていた。学校でもすぐにトラブルを起こして退学処分を受け、転校した先でも同じように退学処分を受けた。中学生になった時には、誰の手にも負えないほど荒れていた。

母親はそんなわが子の将来を憂えた。このままスラムで育てば、遅かれ早かれギャングの一員になって、抗争に巻き込まれて命を落とすことになる。一人息子をそんな運命にさらすわけにはいかない。

ある日、母親はペドロに言った。

「私は日本へ行って働こうと思う。あなたのおばあちゃんが日本で暮らしていて、いろいろと世話してくれると言っているの。日本のお給料はすごく高くて、ちょっと働けばお金持ちになれる。もし嫌だったら2カ月で帰ればいいから、あなたも一緒に来ない？　モトクロスのバイクを買ってあげるから」

ちょうどペドロは中学校を退学になることが決まっており、身の振り方を考えなければならない時期にあった。また、モトクロスにのめり込んでいて、バイクがほしいという気持ちがあった。

彼はこう思った。

——どうせ新しい学校へ転校しなければならないなら、2カ月だけ日本へ行ってバイクを買ってもらおう。

ペドロはそんな、旅行に出かけるような軽い気持ちで、祖母の暮らす愛知県へ行くことにしたのである。

パオロ（静岡県、ペルー国籍）①

ペルーの首都リマで、パオロは生まれた。2歳上に姉がおり、彼は初めての男の子だった。日系3世の父親は、妻がパオロを妊娠中に、生活費を稼ぐために単身日本へ渡り、山口県の塗装会社で働いていた。パオロは父親の顔を知らずに育ったが、6歳の時に父親から呼ばれる形で、母親と姉と共に日本へ渡ることになった。

山口県のアパートで、家族4人の生活がスタートしたものの、両親は子どもたちを保育園や小学校へ通わせなかった。共働きで1、2年、仕事をして貯金を作った後はペルーへ帰国して事業を起こす予定だった。そのため、子どもたちを日本に順応させるつもりがなかったのである。

パオロと姉は暇を持て余していたが、テレビを見ても日本語がわからなかったため、家の前や近くの公園でおままごとや追いかけっこをしてすごすしかなかった。学校へ行きたい気持ちはあったが、両親からは「少しの辛抱だから」と言われていたという。

家族の計画は1年ちょっとで頓挫する。父親がパチンコにのめり込み、起業資金を貯めるどころか、借金を背負ってしまったのだ。金を借りた友人との関係も気まずいものとなり、一家は静岡県への引っ越しを余儀なくされる。

両親は短期で帰国できなくなったことで、子どもたちを日本の学校に入れたものの、姉弟は2年近く家の中だけですごしてきたので日本語がまったくできなかった。また生活苦からランドセルや文房具を買ってもらえず、真冬でもサンダルで、ビニール袋に教科書を入れて登校しなければならなかった。

日本人の同級生たちはそんなパオロを嘲笑《あざわら》った。学校にはブラジル人やフィリピン人の子はいたが、スペイン語を話すペルー人はいなかったので、相談することもできなかった。ある日、同級生からのいじめで髪や服をハサミで切られたのがきっかけで、パオロは不登校になった。

半年間、パオロは家に引きこもった。ストレスから、手の皮膚をむしったり、段ボールをちぎって食べたりするようになったことで、両親は心配してパオロをペルーへ帰国させて、祖父母の家に預けることにした。

パオロが再び日本に来たのは、中学2年の時だ。祖母が末期がんになって面倒を見てもらえなくなったのだ。この間、日本にいた両親は離婚しており、父親が姉を引き取っていたため、母親がパオロを育てることになった。

日本での生活は相変わらず貧しく、中学の制服を用意することができなかった。パオロは私服で学校に通わなければならなかった。

転校から2週間後、担任の教師はパオロを呼び出して言った。

「君だけ私服で登校することは認められない。親に頼んで買ってもらうか、卒業生からお古をもらうかして制服を用意しなさい」

日本語もろくに話せず、頼れる人のいない彼には到底無理な話だ。そんなパオロに、教師は言った。

「日本のルールを守れないなら、学校に来なくていい」

パオロはこの言葉を「学校をやめろ」の意味だと受け取った。そして入学からわずか2週間で学校へ行くのをやめた。

その後、彼は暇を持て余して毎日のように街をさまよっていた。日本人の子どもなら補導されていただろうが、外国人の場合は不就学ということで警察からも放置されていたようだ。この時、たまたま声をかけてきたのが、小学校時代の同級生だった女の子だった。彼女はフィリピン人の血が流れていたことから、何かと気に掛けてくれていた。

彼女は言った。

「私、ブラジル人の彼氏がいるんだ。隣の町に暮らしてる16歳の人。毎日みんなで集まってるからパオロも来れば？」

同じ南米でも、ペルー人とブラジル人とでは言葉も文化も異なり壁がある。だが、この時は、誰でもいいから話し相手がほしかった。こうして彼女から紹介されたのが、日系ブラジル人ギャングのグループだったのである。

エドワルド（愛知県、ブラジル国籍）②

愛知県に暮らす母親が恋人の男性と同棲をはじめたことで、家での居場所を失ったエドワルド。兄は母親の恋人を暴行して重傷を負わせたことで逮捕され、少年院へ送られた。そのため、中学1年だったエドワルドは、再び実家で暮らさなければならなくなる。

実家で、エドワルドは母親とその恋人の男性に目の敵《かたき》にされるような扱いを受けた。2人はエドワルドが兄をそそのかして、自分たちを襲わせたと勘違いしていたのだ。食事はまったく作ってもらえず、洗濯もしてくれない。冷蔵庫の中身を黙って食べれば、「泥棒」と罵られて殴られる。エドワルドはコンビニで万引きをして空腹を紛らわしているうちに、家に帰るのが嫌になり公園で寝泊まりするようになった。

彼は話す。

「家にいてもつらいだけだったから、中1の終わりから中2の半ばくらいまで半年くらいホームレスをしてました。親の仕事の時間を知っていたのと、家の合い鍵を持っていたので、2、3日に一度家に帰って金や食べ物を持ち出してたけど、それでも足りないものは万引きで手に入れていた。

助かったのは、近所のブラジル雑貨の店で働くおばあさんが親切にしてくれたこと。俺がゴミを漁っているのを見てかわいそうに思ったんだろうね、よく賞味期限が切れたパンをビニール袋に入れて持たせてくれました。日本人は助けてくれなかった。何回か、日本人の大人に声をかけられたことはあったけど、みんな俺がガイジンだって気がついたらどっか行っちまった。面倒なことにかかわりたくなかったんじゃないですかね」

中2の夏、ホームレス同然のエドワルドに手を差し伸べたのが、兄が結成したギャングのメンバーだった。エドワルドが万引きしようとディスカウントショップに入ったところ、メンバーの男性とばったりと遭遇したのだ。以前、兄に紹介され、何度か会って言葉を交わしたことがあったのでお互いに顔を覚えていた。

彼は、エドワルドが生活に困っているのを知ると、そのまま家に連れて行って泊まらせてくれた。そして他のメンバーとも話し合い、兄が少年院から出るまで面倒を見てくれることになったのである。寝床や食事だけでなく、小遣いもくれたという。

こうした中でエドワルドがよくつるんでいたのが彼らの弟たちだった。ギャングのメンバーは兄と同じ20歳前後だったが、その弟たちはエドワルドと同じ世代だったため、自然と深い仲になった。

ある日、エドワルドは同世代の仲間を集めて言った。

「俺たちも兄貴らと同じようにギャングを立ち上げないか？　バラバラになって中途半端なこと

をしているより、チームを作って動こうぜ」

その年の終わりに、エドワルドはギャングを結成した。初期メンバーは7人で、5人が日系ブラジル人、2人が日本人だった。最初はブラジル人だけで構成するつもりだったが、仲の良かった日本人からどうしても交ぜてくれと頼まれたのだ。日本語は、彼らや、当時付き合っていた日本人女性を通して学んだ。

エドワルドは、兄の友人の名義で3LDKのマンションを借りてもらい、メンバーと共同生活をはじめた。マンションのことは「ホーム」、自分たちのことを「ファミリー」と呼んでいた。母語のポルトガル語ではなく英語だったのは、母国より、アメリカのギャングに自分たちを重ねていたためだった。

日本人のメンバーは中学へ通っていたが、日系人はみな不登校か、中学に学籍がないかだ。そのため彼らは、日系ブラジル人が経営する建設会社でアルバイトをさせてもらっていた。金遣いは荒く、月末になって足りなくなると空き巣や車上荒らしで金を稼いだ。

メンバーたちが絆を固めるためにしたのが、チーム名のタトゥーを彫ることだった。特徴的なのが、そのデザインだ。体の左右どちらかの半身には和彫りと呼ばれる日本風の刺青《いれずみ》を、もう半身には洋風のデザインのタトゥーを入れたのである。

エドワルドは説明する。

「ギャングのメンバーがブラジル人と日本人の混合だったこともあるけど、大きかったのは俺らが日系人だってことですかね。日系人って、このタトゥーみたいに二つの国が混ざり合っているじゃないですか。ブラジルにいれば日本人って言われるし、日本にいればブラジル人って言われる。だったら、タトゥーだって日本と外国の両方のスタイルで入れようって話になって、みんなでそうしたんです。あとは、メンバーの名前を胸や腰に入れるのも流行《はや》りました」

日系人の中には、二つの国のどちらにもアイデンティティを持てないような人もいる。メンバーが和洋のタトゥーを半分ずつ彫ったのはその表れと言えるかもしれない。

その頃、エドワルドの兄が少年院から約1年ぶりに出てきた。兄はエドワルドたちが建設会社で安い賃金で働かされているのを知り、盗品の転売ビジネスをやらないかと勧めた。商店から盗んだ品を、日系ブラジル人コミュニティで密売するのだという。

エドワルドは話す。

「ブラジル人は日本で一つビジネスを成功させると、別のビジネスをする際に母国から親戚を呼ぶ習慣があるんです。レストランで成功したら、親戚を呼んで今度は家具店をやらせたり、人材派遣会社をやらせたりする。ファミリービジネスとして大きくしていくんです。

こういうファミリービジネスの中には表の仕事とは別に、裏の仕事をやっているところがある。レストランをやる裏で、マネーロンダリングや闇金融をやったりするんです。すべて日系人相手のビジネスです。

俺が兄貴から紹介されたのは、食材店やバーやリフォーム会社なんかを手広く経営しているファミリーでした。このファミリーはリサイクル店も経営しているんですが、その倉庫へ盗品を持っていくと、どんなものでも定価の30〜50%で買ってくれるんです。ペットボトル入りのジュースだって、粉ミルクだって、車椅子だって何でも買い取ってくれる。彼らはそれを自分のリサイクルショップで売ったり、系列の店で売ったり、別のブラジル人業者に売ったりして儲けているんです」

外国人経営の店では、驚くくらい安く商品が売られていることがある。個人経営の食材店なのに日本製の缶ビールや野菜が、日本の大手スーパーよりずっと安価だったりする。彼の話では、こうした商品の一部は転売された盗品らしい。

エドワルドはさっそく紹介されたファミリーの店に盗品を売るビジネスをはじめた。二人一組になってスーパーやドラッグストアへ行き、一人が買い物カゴに商品を詰められるだけ詰めると、一気に外へ駆け出して、外で待機している仲間のバイクの後ろに飛び乗って逃げるのだ。〝カゴダッシュ〟と呼ばれる方法だ。そして、日にちを空けて盗品をファミリーのリサイクルショップの倉庫へ持っていって買い取ってもらう。

やがてエドワルドたちはカーナビに目をつけるようになった。1台につき20万〜30万円の高値でファミリーから買い取ってもらえることを知ったのだ。最初はカー用品店や店の倉庫に忍び込んで盗んでいたが、慣れてくると駐車している車の窓ガラスを割ってカーナビを奪った。

エドワルドは話す。

「ファミリーの人たちは大金持ちでした。知人の紹介でファミリーの25歳くらいのブラジル人女性と知り合ったんですけど、マンションを一棟持っていてワンフロアぶち抜いて暮らしていた。インターナショナルスクールの出で、ポルトガル語、英語、日本語、スペイン語がペラペラで、ファッション関係の会社も経営していた。親はビジネスで稼いだ金を子どもの養育費にあてたり、他のビジネスに投資したりしていたんでしょうね。その女性は、今はカナダ人と結婚して、日本とカナダとブラジルをしょっちゅう行き来してますよ」

エドワルドによれば、日本にはこうした日系人のファミリーが複数あり、それぞれ手掛けているビジネスは異なるという。後に見るように、違法ドラッグを扱っているファミリーもあるらしい。日系人のネットワークの中でやっていることなので、日本の警察には見つかりにくいのだろう。

こうしたビジネスにかかわっているのが、エドワルドのような道を外れた日系人の一部なのである。

ペドロ（愛知県、ブラジル国籍）②

2011年5月、13歳の時に、ペドロは母親と共に来日し、祖母が暮らしていた愛知県豊田市の保見団地で暮らしはじめた。保見団地は日系人労働者が多数暮らす巨大団地であり、敷地内の売店やスーパーやファストフードの大半はポルトガル語やスペイン語表記だ。そのため、日本語がわからないまま来日したペドロもさほど住みにくさは感じなかった。

　当初、ペドロが通ったのは日本の中学校ではなく、ブラジル人学校だった。ブラジル人学校とは在日ブラジル人のためのインターナショナルスクールで、会話はすべてポルトガル語で行われ、授業ではブラジルの学校で採用されている教科書が用いられている。短期滞在だったり、日本の学校からドロップアウトしたりした子どもが通うことが多い。

　ブラジル人学校は、日本に順応できない子どもにとっては便利だが、月に2万5000〜4万円の学費がかかるので家計の負担は重い。それでも母親がペドロをブラジル人学校へ通わせたのは、日本の学校についていけず、ブラジルにいた頃のように悪い道に進むのを阻止するためだったらしい。日曜日には必ず近所の教会へ連れて行った。

　だが、ペドロはたった2カ月でブラジル人学校をやめてしまう。在籍する子どもが幼稚園児から中学生まで20人くらいしかおらず、小さな子たちと一緒にすごすのが億劫だったのだ。

「あんなガキらと一緒にいるのは嫌だ。普通の中学へ行く」

　ペドロはそう言い、2学期の開始と同時に保見団地の近くにある公立中学へ転校する。クラスの半分近くは外国にルーツのある生徒たちだったため、「ことばの教室」という日本語を学ぶクラスが設けられていた。ペドロはそこで日本語を勉強しはじめた。

　だが、ブラジルで非行の限りを尽くしてきた彼には、教室で大人しく授業を受けているような殊勝さはなかった。何より、制服のボタンをすべてかけて、校則を守るという日本特有の学校生活がまったく肌に合わず、2カ月で不登校になる。

この頃、ペドロがたまたま観た映画が、日本の不良《ヤンキー》の世界を描いた『クローズZERO』のシリーズだった。学校が求める生徒像とは正反対の生き方が日本にあることを知り、そのスタイルに憧れを抱くようになる。

学校へ行かずに暇を持て余していたペドロがつるみはじめたのが、同じ団地に暮らす一回り年上の日系人の不良たちだ。彼らの多くは成人していたが、定職に就くわけでもなく、夜な夜な団地の外へ出ては犯罪に手を染めて金を稼いでいた。

ペドロは言う。

「ブラジルで13歳までムチャやってたから、日本に来た時には頭のてっぺんから足の先までそっちに染まってたんだよ。だから、ブラジル人学校にも日本の学校にも違和感しかなくて、団地で出会った年上の悪い人たちと付き合うようになった。

彼らはほとんどが20代で、バイクを盗んだり、車上荒らしをしたりしていた。犯罪のプロって感じで、日中は団地からほとんど外に出ようとせず、夜にシノギに行く時だけ地味な格好をして町へくり出すんだ。その人たちからはよく『普段は外で目立つようなことをするな。そうすれば日本の警察には捕まらないから』って言われていた。俺がちょっと目立つことをしただけですげえ怒られたよ」

先輩たちはプロの犯罪集団として生きていたのだろう。だが、中学生だったペドロにはそれが物足りなかった。映画『クローズZERO』の影響を受けていたこともあり、バイクに乗り、町中でケンカをするような派手な日々を送ることに憧れを抱いていたのだ。

ペドロをそっちの世界に引き込んだのは、中学3年の時に知り合った別の日系人の先輩だった。この先輩は日本人の不良たちと共に暴走族をやっていた。夜になると改造したバイクにまたがって町中を暴走し、他の暴走族と抗争をくり広げる。ペドロにはそれがなんとも格好良く思え、先輩に頼んで暴走族のメンバーにしてもらう。毎晩のように彼らとつるんでいたことで日本語の能力も上がっていった。

「族の活動は1年ちょっとで終わった。日系人の先輩が引退したのと、俺も中学を卒業する年齢になって土木の仕事に就いて忙しくなったんだ。ただ不良としてのメンタリティーから抜け出せなくて、漠然と次にやるならギャングだろうなって思いがあった。俺は日本で生まれ育ったわけじゃないので、日本人だけの世界はあんまり合わない。ギャングのスタイルの方が肌に合うっていう感覚があったんだ」

すでに団地の中ではペドロの名前は広まっており、同じ年代の不良たちとも親しくなっていた。彼はそうした者たちに声をかけ、保見団地を拠点とするギャングを結成するのである。

パオロ（静岡県、ペルー国籍）②

母親の生活困窮のせいで、制服すら買ってもらえず、中学で不登校になったパオロ。そんな彼に声をかけたのが、フィリピン人の血を引いた女の子であり、その子に紹介されたのが、日系ブラジル人たちのギャングだった。

このギャングは、カラーギャングといってメンバー全員で同じ色の服を着るスタイルだった。メンバーは10人ほどで、年齢は10代半ば～20代前半、1人を除いて全員がブラジル国籍だった。

近所に大きな工場があり、そこの従業員の子どもたちが徒党を組んでいたのである。

町には日本人が集まるクラブとは別に、日系人が遊ぶための専用のクラブがあり、平日から開店と同時に大盛況だった。南米の人たちにとってクラブはアミューズメント施設のような位置づけであり、家族で遊びに行くことも珍しくない。

ギャングのメンバーの半数は、こうした店でセキュリティーやバーテンダーとして働いていた。ただ、それはあくまでカモフラージュであり、裏ではクラブに遊びに来る客を相手に違法ドラッグの密売を行っていた。東海地方には県や市ごとに日系ブラジル人の元締めがいて、彼らからコカインや大麻を買って転売するのである。

パオロにとって運が悪かったのは、この元締めは自分と同じブラジル人しか信用せず、他の国の者に卸さなかったことだ。そのため、ペルー国籍のパオロは、ブラジル人メンバーのサポート要員として見張り役を任されたり、コカインや現金の運び係をさせられたりして小銭をもらうことしかできなかった。

パオロは、こうした人間関係に不満を抱いていた。彼の話である。

「ギャングの中では、俺一人がペルー人だろ。日系人っていっても、南米の大国でポルトガル語圏のブラジルと、弱小国でスペイン語圏のペルーは習慣も立場もいろんなものが違うんだ。

ブラジル人のメンバーがそう思っていたかどうかは知らないけど、俺からすれば見下されているような感じはあった。ブラジル人は数も多いし、いろんなところにネットワークがあるから、何をするにしても有利なんだよ。だから、俺のことについても、ペルー人を仲間に入れてやっているとか、自分たちの仕事を手伝わせてやっているみたいな優越感を持っていたと思う。

こうしたことから、俺はメンバーとは対等じゃないと感じていたし、下に見られているというコンプレックスがあった。それでだんだんと、ブラジル人に頼らずに、あいつらを超えるようなデカいことをしてやろうと考えるようになったんだ」

パオロのブラジル人に対する対抗心は日に日に大きくなっていった。

数年間、パオロはメンバーの中で息を潜めるようにしてすごしたが、18歳の時に運命を変える出会いをする。窃盗と恐喝で捕まって1年間ほど少年院へ送られた際、そこで愛知県在住のペルー人と知り合ったのだ。出院後、その男性と再会したところ「超ビッグな〝家系〟の人」として紹介されたのが、当時40代の日系ペルー人のフランコだった。

彼らが言う家系とは、先述のエドワルドの話にも出てきたファミリービジネスのことだ。ペルー人もブラジル人同様に、成功者が母国から親族を呼び寄せて、手広くビジネスを行い、一大グループを築いている。このフランコと名乗る人物は貿易関係のビジネスをする傍ら、違法薬物の密輸にかかわっていた。

パオロがフランコと会ったのはクラブのＶＩＰルームだった。パオロは運ばれてきた飲み物に口をつけるより早く、日本式に頭を下げて言った。

「俺、金持ちになりたいんです。少年院に入る前は、ずっとブラジル人と一緒にクスリを売ってたんでルートならあります。俺にビジネスをさせてくれませんか」

あまりにストレートな物言いに、フランコは感心したようだった。彼は言った。

「うちで扱っているのはコカインがメインだ。うちのルールに従うならビジネスを任せてやる」

こうしてパオロは、この家系からコカインを卸してもらい、密売を直《じか》に手掛けることになった。

パオロの話によれば、コカインは次のような形で日本に密輸されてくるらしい。

まず、家系の一員が母国ペルーにコカイン工場を所有している。フランコが月々にこれくらいという形で、その工場に連絡して注文をする。フランコは日本国内に「トバシの住所（居住実態のないアパートや空き家）」を数十カ所持っていて、そこへ小分けにして送ってもらう。回収しに行くのはパオロのような末端の売人たちだ。

意外なことに、コカインは細かく小分けされて手紙として封筒に入れられ、日本へ送られてくるらしい。真偽は不明だが、一通に入れるコカインの量を２００グラム以下にして、ある工夫を施せば、税関に調べられることなく届くという。その他、家系が雇った人物がコカインを液体状にしたものをシャンプーボトルや酒瓶に入れて、直接日本に運び込むこともあるそうだ。

このビジネスでは、家系はあくまで卸業者であり、現場で売人として働くのはパオロのような若者たちだ。彼らはそれによって高収入を得られる一方で、警察に捕まればトカゲの尻尾のように切り捨てられる。無論、何があっても家系のことは他言してはならず、それを破れば家族全員に危害が及ぶ。

パオロは言う。

「俺がやっていた時は、家系から1グラム4000円で買って、それをクラブで1万5000円で売っていた。グラムにつき1万1000円の儲けだった。俺が売るのは日系人だけって決めていた。何度かフィリピン人やイラン人から頼まれて売ったことはあるけど、日本人には絶対に売らないようにしていた。日系人のコミュニティの中でシノギをしているぶんには警察も目をつけない。でも、日本人を相手にすると、狙われて捕まるリスクが何倍にもなるんだ」

日系人は日系人のコミュニティの中で生活しているので、警察もなかなか実態を把握しづらい。パオロはそれを逆手にとってビジネスをしたのだ。

もう一つパオロが注意していたのが、暴力団のシノギと重ならないようにすることだ。違法薬物の密売の世界では、覚醒剤は暴力団のシノギであり、コカインは日系人のシノギという不文律がある。使用する側も、日本人は覚醒剤を好み、日系人はコカインを好む。ゆえに、コカインだけなら暴力団から見逃してもらえるが、覚醒剤を扱うとシノギがバッティングするので力で潰される危険性があるという。

彼はつづける。

「日本のヤクザと俺らのビジネスで唯一重なるのは大麻だ。若い日系人の中には大麻好きがそれなりにいるからね。ただ、これに関しても、決まった場所で売るぶんには見て見ぬふりをしてもらえるんだ。たとえば、日系人専用のクラブやレストランで売っていれば、何も言われない。でも、街頭や日本人用のクラブで日本人相手に売れば、すぐにヤクザがやってきてシメられる。日本でシノギをするには、そういうルールを守ることが大切なんだよ」

こうしてパオロはペルー人の家系をバックに、ビジネスを拡大させていくのである。

エドワルド（愛知県、ブラジル国籍）③

愛知県でエドワルドが日系ブラジル人と結成したギャングは、日が経つにつれて窃盗団としての色合いが濃くなっていた。カーナビなどを売って手に入る額は、月々数百万円に上っていた。

窃盗は手軽にできる一方で、逮捕のリスクが非常に高い。エドワルドは成人になるまでに、窃盗の他に大麻所持や器物損壊などで2回の少年鑑別所と、1回の少年院を経験した。他のメンバーも常に少年鑑別所や少年院を出たり入ったりしており、全員が揃うことはまずなかった。それでもマンションでの共同生活を頑なに維持していたのは、ギャングであることがアイデンティティになっていたためだろう。

結成2年くらいは地元でも一目置かれる存在だったが、新たに台頭してきた別の日系人ギャングに少しずつ押されるようになった。原因は、エドワルドたちの後ろ盾になっていた兄の世代のグループが弱体化したためだ。

エドワルドは話す。

「日本で悪いことをつづけていくには、ケンカをして目立ちつつも、警察に目をつけられないことがマストなんです。他所《よそ》のグループに舐められたら不良はやっていけないし、かといって悪いことをしすぎると警察に潰される。そういう意味では、兄貴たちがケンカをして、俺たちがその陰に隠れて盗みをするのはバランスが良かったんです。

でも、兄貴たちは派手にやりすぎた。日本人を目の敵にして、ガキもヤクザも手あたり次第にぶっ潰していって、カタギの店まで脅すようになった。日本語が苦手な人が多かったんで、日本人と仲良くしようという気持ちがなかったんだと思います。それで、警察に標的にされて次々に捕まってしまった」

エドワルドたちの世代は、兄たちという後ろ盾を失ったことで、戦闘力を大きく削《そ》がれた。それが新たなギャングが勢力を伸ばす素地になったのだ。

日系人ギャングは、日本国内ではマイナーな存在であるため共存共栄を目指すことも珍しくないが、結局のところ強い者が弱い者を搾取する不良特有の構造は変わらない。新たに台頭してきた若いギャングたちは、エドワルドたちのグループに圧力をかけ、様々な口実で現金を徴収したり、日本人の暴力団や半グレへの襲撃に駆り出したりした。また、肉体労働の作業員として派遣され、日給の半額以上をマージンとして取られることもあった。

こうしたこともあって、エドワルドの仲間たちは共同生活から一人またひとりと抜け、正業に就くようになっていった。犯罪の世界に身を置いて搾取されたり、使いっぱしりにされたりするくらいなら、真っ当に働いた方が実入りが良かったためだ。20歳になった年、エドワルドは彼らとの共同生活を完全に解消した。

その後、エドワルドは日雇いの仕事をしつつ、休日にはクラブへ行って昔の仲間と違法ドラッグをやる生活を送っていたが、1年ほどして運命を大きく変える出来事が起こる。慕っていた兄が死んだのだ。

半年ほど前、兄は地元の暴力団とトラブルを起こしたため、ブラジルに一時帰国して、ほとぼりが冷めてから日本にもどってくるつもりだった。だが、ブラジルで夜道を歩いていたところで強盗に遭い、銃で撃たれて殺害されたのである。

母親は兄の訃報を聞いたショックで心を病み、2カ月の間に10キロ以上も体重が落ち、ブラジルへ帰国することを決めた。すでに恋人とも別れており、日本に残る必要性がなかったのだろう。日本で生まれ育ったエドワルドには、母親と共にブラジルに行くという選択肢はなかった。彼には愛知県が故郷だったし、ブラジルでの生活に希望のようなものを見いだすことが難しかったからだ。

エドワルドは言う。

「兄貴が殺されて、母さんがいなくなって、姉さんとも連絡が取れない状態になりました。そうなって初めて、俺ってマジでボッチじゃんって思ったんです。

その時、たまたま付き合っていた日本人の子が妊娠したんです。それで家族がほしいって思った。でも、悪いことをつづけていたら捕まって離婚することになるのは目に見えてるでしょ。それでカタギの仕事に就いて、結婚して家庭を持つことに決めたんです」

彼は少年院を出た後に数カ月だけ働いていた水道関係の会社へ連絡し、もう一度雇ってもらえないかと頼んだ。社長は人手が足りなかったこともあって受け入れてくれた。

それ以来、エドワルドはそこで契約社員として働いている。日本人女性とも結婚し、子どもも生まれた。給料は手取りで25万円ほどだが、義理の親が所有する二世帯住宅で生活していることもあって生活には困らなかったらしい。

ただ、話を聞く限り、エドワルドは完全に更生したわけではなく、今もギャング時代のメンバーとの付き合いをつづけている。毎週末にメンバーとクラブへ遊びに行ったり、そこで違法ドラッグをやったりしているのだ。

メンバーの中にはいまだに犯罪で生計を立てている者もおり、何度かそのトラブルに巻き込まれて警察に逮捕されたこともある。結婚1年目には傷害事件で捕まって不起訴になったが、4年目には恐喝罪で約2年の実刑を下された。

なぜ家族のために正業に就いたのに、裏社会との関係を持ちつづけるのか。エドワルドは言う。

「ギャングは解散しましたが、メンバーと縁を切ることは一度も考えませんでした。俺にとってメンバーはファミリー以上のファミリーなんですよ。自分の最大の理解者って感じですかね。たとえば、俺の中の文化は、ブラジルより日本の方が圧倒的に強いんです。8対2。いや、9対1くらいかな。でも、実際はブラジル国籍で、顔も完全にガイジンじゃないですか。そういう立場っていうか、気持ちをわかり合えるのって、やっぱりメンバーしかいないんですよ」

結婚生活は、3年目に第二子が誕生したが、1年ほど前から夫婦喧嘩が絶えず、離婚の話も出ているらしい。最近はそれによってますますメンバーとすごす時間が長くなっているという。

現在、エドワルドは29歳。ここからの人生はまだ長い。

ペドロ（愛知県、ブラジル国籍）③

保見団地に暮らすペドロは、16歳になって間もなく、同じ団地の日系ブラジル人約20人を集めてギャングを結成した。これまでやっていた暴走族とは違い、「ガイジン集団」の色を前面に出していた。

ペドロは地元の他のギャングと抗争をくり広げる一方で、ラップをはじめていた。自らの薬物と暴力に溺れる刹那的な生き方を、リリックに乗せて歌い上げるギャングスタラップのスタイルは新しく衝撃的で、地元を中心に少しずつ注目されるようになっていた。

だが、ペドロは音楽活動が忙しくなってからも、ギャングとしての暴力性を前面に出しつづけていた。そして同世代のグループを一通り力で制圧すると、今度は裏社会で生きる日本人をターゲットにして金を稼ぐようになった。

彼がやっていたのは、風俗店などで違法行為をしている店に対する〝事務所荒らし〟だ。繁華街には本番行為をしている違法風俗店、半グレがやっている援デリ（援助交際デリバリーヘルス）、外国人女性を働かせている違法マッサージ店などがある。それらの事務所の住所を特定して押しかけ、「殺されたくなければ金を寄こせ」と売上金を脅し取るのだ。

違法風俗店は、事件に巻き込まれても警察に訴えることはないが、代わりにケツモチになっている暴力団に解決を依頼することが多い。日頃からみかじめ料を払っている暴力団に、奪われた金の回収を頼むのだ（奪い返した額の半分が暴力団の報酬になる）。だが、ペドロはそうした暴力団すら返り討ちにしていたという。

彼は話す。

「違法風俗店のケツモチなんてやっているヤクザは下っ端のチンピラなんだよ。本当にデカい勢力のヤクザは、そんなチンケなビジネスなんてやってねえし、ガイジンとのトラブルなんかに一々首を突っ込んでこない。だから、俺らも『このチンピラならやっても大丈夫』って選んでやっていた。チンピラをシメるのは面白かったよ。ガイジンを舐めんじゃねえぞってボコボコにしてやった」

ギャングを結成した後、ペドロは日系人としての立場を鮮明にして日本人を襲っていたし、ラップにおいても日本での不遇を歌い上げていた。きっとそれが彼なりの自己主張だったのだろう。だが、これだけ暴れ回っていれば、警察に睨《にら》まれるのは必然だ。ペドロは10代の間だけで、少年鑑別所に3回入り、少年院に1回送られて、入管からは「強制送還」をほのめかされるようになった。

それでもペドロが悪行をやめなかったのは、どうせ自分はすぐに死ぬのだという諦念があったためだという。来日以来、彼は多くの日系人の死を見てきた。

ペドロが中学に行かなくなった時に団地で声をかけてくれた兄貴分の男性もその一人だった。この男性は何度も警察に逮捕されており、次に事件を起こしたら強制送還させると言い渡されていた。だが、ずっと日本で暮らしてきた男性にしてみれば、ブラジルへもどされたところで生きていく当てがない。男性は日頃からこう言っていた。

「次に捕まったら、強制送還される前に死ぬ」

ある日、警察は彼を窃盗の容疑で指名手配し、団地にある家に押しかけて来た。いち早く情報を察知した男性は、団地の階段を駆け上がって屋上へ逃げ、「逮捕されるくらいなら飛び降りる」と宣言した。警察は数時間にわたって説得を試みたが、男性はそれを振り切るようにして最後は口笛を吹きながら屋上から身を投げた。ペドロはその一部始終を目撃したという。

このような経験を何度もしていたことから、ペドロは自分が長生きするイメージを持てずにいた。だから、自分の人生を大切にするより、いかに短く派手に咲くかを優先して生きていたのだろう。

そんなペドロの人生を変えたのが、15歳の時から付き合っていた2歳年上の日本人の恋人だった。彼女は10代で未婚のままペドロの子どもを産んでいた。ある日、彼女はペドロに言った。

「あなた、このままいったら、私たちを遺して死ぬだけだよ。それでもいいの？」

好きな女性と生まれたばかりの乳飲み子を前にして、ペドロはいつものように悪態をつくことができなかった。もし可能ならば、彼女や子どもと共に平和に暮らしたい。これまで押し殺していたそんな本音が湧き上がったのだ。だが、どうやって真っ当に生きていけばいいのだろう。

彼女は言った。

「ラップをもっと本気でやってみたら？　ギャングじゃなく、歌の世界で自分を出せばいいじゃん」

すでにペドロはラップの世界ではよく知られた存在になっていた。これまでギャングとしての立場を捨てるなんて考えたことすらなかったが、ラップ一本でやっていけるのならやっていきたい。

そこから、ペドロは音楽活動に本腰を入れるようになった。間もなく、愛知県だけでなく、岐阜県や静岡県などからもペドロのラップを聴きに来る客が増えるようになった。特に、若い日系人ギャングからの支持は熱烈で、21歳の年には「Playsson」の名前で初アルバムをリリースする。

彼は言う。

「そこそこ名前を広めることはできたけど、まだまだラップ一本で食べていけるとは考えていない。現実にはメンパブ（男性が女性を接客するバー）の店長をやりながら音楽活動をしているしね。今は、ラップは生活のためというより、自分が自分であることを表現するためのものになっているよ」

日系ブラジル人であることも、保見団地出身のギャングであることも、数々の犯罪に手を染めてきたことも、すべて変えようのない事実だ。だからこそ、それを隠して生きるのではなく、ラップによって赤裸々に表現することで、自分自身の存在を示そうとしているのだろう。

コロナ禍の2021年、ペドロは乾燥大麻と大麻リキッドを所有していた容疑で逮捕されたものの、音楽活動を継続することを発表。年齢を重ねても、彼は日系人ギャングとしての生き様を歌い上げることで自分を表現しようとしているのだろう。

パオロ（静岡県、ペルー国籍）③

日系人専門のナイトクラブを拠点に、コカインの密売をはじめたパオロ。在日ペルー人の人脈を摑んだことで大金を稼ぎ、ロレックスの腕時計をつけ、耳には200万円のダイアのピアスを輝かせ、改造したハーレーに乗るようになった。

彼は自分の成功を見せつけるかのように、週末のたびに後輩をキャバクラやバーに連れて行った。ブラジル人たちの中で唯一のペルー人だったことのコンプレックスが大きかったぶん、周りに自分を認めさせたいという願望が強かったのだろう。

だが、派手に遊べば遊ぶほど、ブラジル人から妬みを買うことにもなった。ペルー人が自分たちを差し置いて成り上がりやがって、という反感が生まれたのである。

同じ頃から、パオロの耳には、「パオロがブラジル人女性をレイプした」とか「ペルー人を集めてブラジル人を追い出そうとしている」などという根も葉もない噂が入ってくるようになった。おそらくパオロを妬むブラジル人が彼を貶めようとして嘘の情報を流していたのだろう。

パオロは、このままでは殺されかねない、と身の危険を感じ、後ろ盾になってくれていた家系のフランコに相談した。彼からはこう言われた。

「ブラジル人とは距離を置け。俺がペルー人を紹介してやるから、そっちと仕事をすればいい」

在日ブラジル人の数は、ペルー人の数倍だ。フランコにしても、無謀な衝突は避けたかったのだろう。

フランコが連れて行ってくれたのは、いくつかのペルー人の集まりだった。東海地方には教会やレストランを拠点にしたペルー人のコミュニティがある。メンバーは普段からSNSで連絡を取り合い、毎週のように音楽イベント、パーティー、バーベキューなどを催して集まっている。

フランコが紹介してくれたのは、この中でもパーティー等でドラッグを楽しむグループだった。彼ら相手にコカインを売れば、マーケットは小さくなるものの、ブラジル人との余計な摩擦を減らせると考えたのかもしれない。

パオロは昼夜を問わず、電話一本、メール一本で、自宅、ホテル、ナイトクラブなどどこへでも配達した。コカインの質の良さと、迅速な対応のおかげで、販売網は瞬く間に広がっていった。

そんな日々は、パオロが21歳の時に暗転する。当時、パオロはコカインの密売の他に、水商売をしているペルー人やフィリピン人の女性と組んで窃盗を行っていた。彼女たちが店の客から家や事務所の情報を聞き出し、パオロがそれを基に空き巣に入って金品を盗んでいたのだ。ある日、警察に発見され、逮捕されたのである。

裁判の結果、パオロには3年強の実刑判決が下された。刑務所で刑期を務めたが、出所と同時に入管（出入国在留管理庁）へ引き渡された。日系人であろうと、外国籍の人間が犯罪を起こした場合、出所後に入管で審査を受けることになるのだ。

入管に拘束された期間は、約2年に及んだ。パオロのように日本で犯罪を起こした外国人も多く、中国人、ナイジェリア人、イラン人、フィリピン人、ケニア人、コロンビア人など国籍は多岐にわたっていた。

パオロは言う。

「入管の中でも日系人は一大勢力だった。施設内は酒や煙草は禁止なんだけど、酒は自分たちで密造していた。バナナやパイナップルといった果物を潰して発酵させてるんだ。1・5リットルのペットボトルに入れてみんなで回し飲みしたよ。

俺が入管で仲良くなったのは犯罪者ばかりなので、いろんな情報交換をするようになった。イラン人からは覚醒剤の密輸について、ナイジェリア人からはクレジットカード詐欺について教えてもらった。中国人から大口でクスリを買ってくれるヤクザを紹介されたこともあった。その情報や人間関係が、入管を出た後に生きるんだ」

入管に収容されている間、職員から何度も「ペルーへ帰れ」「絶対に強制送還にする」と脅されたそうだ。パオロは6歳で正規の資格を得て来日し、19歳の時に日本人の元恋人との間に生まれた子どももいたため、現実的には1回の有罪判決だけで強制送還させるのは難しい。そこで、入管にできるだけ長く閉じ込め、忍耐力を奪い、自主的に帰国させようとしたのではないかということだった。

パオロは民間の団体の支援を受け、27歳で「仮放免」の許可を得て入管から出た。その後、入管で仲良くなった中国人と意気投合し、一緒に違法ドラッグのビジネスをはじめることにする。この人物が中国人マフィアや暴力団とのパイプを持っており、良質な覚醒剤を卸してもらえるため、手を組むことにしたのだ。

日本では覚醒剤の人気が高いので、コカインを売るよりはるかに儲かった。だが、半年が経ったクリスマスの直前、突然ビジネスパートナーの中国人が消息不明になる。連絡が取れなくなり、住んでいたアパートを訪れるともぬけの殻だった。

数日後、見知らぬ中国人マフィアからパオロのもとに電話がかかってきた。件《くだん》の中国人が500万円以上の借金をして行方がわからなくなったので、その金を払えと言われたのである。

パオロには寝耳に水だったが、それを言って通じる相手ではない。このままでは自分に危害が及ぶ。パオロは苦肉の策で、かつてコカインを回してもらっていた家系の男性フランコのところへ行って助けを求めた。彼しか頼りにできる人間がいなかった。

フランコは言った。

「昔の功績を認めて今回はおまえの力になってやる。その代わり、これからは俺にも、クスリの密売にも絶対にかかわるな。それが条件だ」

日本人相手に覚醒剤の密売をすれば、警察に目をつけられるリスクは格段に跳ね上がる。フランコはパオロがいつか下手を打って自分の身に危険が及ぶ前に切り捨てようとしたのだろう。パオロは従う他なかった。

フランコと中国人マフィアの間で、どのような交渉がなされたのかはわからない。だが、4日後にはフランコから連絡があり、「解決した」とだけ言われた。パオロはフランコとの約束を守り、犯罪から足を洗って建設会社で働くことにした。

現在、パオロはそこで契約社員として勤務している。ただ、違法薬物を使用することはやめておらず、月に何度か知人とコカインを吸引するのが唯一の息抜きだという。今は、22歳の日本人の恋人がおり、近々結婚する予定なのだそうだ。

日系人犯罪のネットワーク

2023年の暮れが迫った午後8時過ぎの大阪の天王寺《てんのうじ》駅前には、中国人観光客の一団が集まっていた。マフラーに顎を埋《うず》めつつ、楽しそうにスマホで写真を撮り合っている。コロナ禍が終わり、あちらこちらでよく見かけるようになった光景だ。

私は雑踏をかき分けるように進み、焼肉店へと向かった。この店に行くのは、日系ブラジル人のジョーに会うためだった。

先述の3人の日系人ギャングのインタビューを終えた際、もっとも気になったのが「ファミリー」「家系」と呼ばれていたグループの存在だった。話によれば、日系人のコミュニティには日本で成功した家族経営のグループ企業があり、その一部が犯罪に手を染め、日系人ギャングの拠り所となっているらしい。だとしたら、直接彼らに話を聞くことはできないだろうか。

そう頼み込んだところ、エドワルドが自身の取引相手とは別のファミリーを紹介してくれた。それがジョーという38歳の人物であり、待ち合わせ場所として指定されたのが、天王寺の焼肉店だったのである。

約束の時間から40分が過ぎた頃、ジョーは真っ赤なモンクレールのダウンを着て現れた。首には金の太いネックレスをかけ、手には指先までタトゥーが彫られている。

ジョーの容貌はラテン系そのものだ。日系ブラジル人と一括りにしても、祖父母や両親が日系人同士で結婚している場合は日本人らしい顔つきになるが、ラテン系ブラジル人の血を引いていると顔の彫りが深くなり、肌の色が褐色になる。

ジョーの後ろには、運転手兼ボディーガードの日系人が付き添っていた。ジョーは席に着くなり電子タバコを取り出し、運転手兼ボディーガードに生ビールを注文させた。来日は中学時代ということで、日本語は完璧だった。

「大阪ってあんまりブラジル人を見かけないっすよね。静岡とか愛知が多すぎるっていうのもあるかもしれねえけど、さっき駅前にいた中国人とか、コンビニで働いているベトナム人やネパール人の数を考えると、俺ってマイノリティなんだなって感じがしますよ」

ジョーは運ばれてきた生ビールを飲みながらゲラゲラと笑った。彼は自分で焼肉店を指定したにもかかわらず、食事は済ませてきたと言ってつまみすら頼もうとしなかった。

事前に少し聞いたところによれば、彼のファミリーは静岡県内で手広くビジネスをしており、彼自身も静岡県に自宅があるということだった。普段は飲食店を経営しており、系列店が関西にもあるため、月の半分は大阪に購入したタワーマンションで生活しているという。

「今は静岡と関西で合計4店舗を経営してます。10年くらい前まではブラジル人専用のネットカフェをやってたんです。簡単な仕事の紹介なんかもそこでしてた。けど、みんながスマホを持つようになったせいでネットカフェに来てまで情報を集めようという人がいなくなったんで、店をすべてバーやクラブに切り替えた。コロナのせいで2店舗閉めたけど、最近は順調で来年にはもう2店舗オープンする予定です」

スマートフォンで店の映像を見せてもらうと、ダーツやビリヤード台が置かれた海外のバーのような雰囲気だ。静岡にある店の客は日系人ばかりで、日本人だけで来店することはまずないらしい。関西の店に関しては、外国人観光客をターゲットにしているそうだ。

私が聞きたかったのは、ファミリーについてだった。そう切り出すと、ジョーは一気に生ビールを飲みほしてから話した。

「まず〝ファミリー〟っていう呼び名はありませんよ。便利だから、そう言ってる奴がいるのかもしれないけど、日本のブラジル人たちの間で使われている正式な用語じゃない。

前提を話すと、ブラジル人が親族経営をするのは普通なんです。親族の絆がすげえ強いから、誰か一人が成功したら、きょうだいやいとこを呼んでビジネスを広げるのが当たり前って感じ。逆にそれをやらずに一人だけ勝ち抜けしたら、親族から恨まれてハブられる。まぁ、親族以外の日系人が信用できないってこともありますけどね。だから、日本国内には大小いろんなファミリーと呼ばれるようなグループが存在するんです」

実際に私がインタビューした2世たちも、「ファミリー」だけでなく、「家」「家系」などいくつかの用語を用いていた。ただ、ここでは便宜上、ジョーにもファミリーという言葉を使ってもらうことにした。

日系人ギャングへの取材で感じたのは、日本国内にあっても、日系人は同じ日系人を相手にビジネスをすることが多く、日本人を対象にしていない点だ。客層を広げるという発想は乏しいのだろうか。

ジョーは電子タバコを吸いながら苦笑した。

「今は少しずつ変わってきているけど、少し前まではブラジル人は金を貯めたら帰国することを前提として日本に来てたんです。だから、日本語を覚えようとしなかったし、ブラジル人のコミュニティから外に出ようとしなかった。すべてポルトガル語が通用する世界で完結させようとしていた。

逆に言えば、それだけブラジル人コミュニティにはあらゆるビジネスができています。ブラジル人専用のレストラン、専用の食材店、専用の不動産屋、専用のクラブ、専用の美容院、専用の洋服店……。ネイルサロンなんて日本人より早く日本ではじめてるんじゃないですかね。とにかくコミュニティの中に何だってあるから、全部そこでポルトガル語で済ませられる。ある程度人数がいたからできたことなんだろうけど」

愛知県なら豊川市や豊田市、群馬県なら大泉町や太田市など「ブラジルタウン」と呼ばれるブラジル人コミュニティは全国に点在している。そこには数千人単位のブラジル人が住んでいるので、十分にビジネスとしては成り立つのだろう。それゆえ、ファミリーは、コミュニティの外に商売を広げるのではなく、その中に留まって生活からビジネスまですべてを完結させる傾向にあるのだ。

ジョーが属するファミリーで最初に日本に来たのは、ジョーの叔父家族だったという。元々は母国の都市サンパウロで食品関係の会社を親族で経営していたのだが、１９９０年代の初頭に叔父が家族を連れて日本へ渡って食品の輸入会社を経営して成功させた。彼はビジネスを横に広げていくため、次々と親戚を日本に呼び寄せたらしい。そうしてできたファミリーのメンバーの一人が、ジョーの父親だった。

来日時、ジョーは中学生になっていたが、その1年前から日本語を勉強させられていたこともあって、さほど苦労せずに日本の中学校に溶け込むことができた。10代半ば～20代前半まで、道を外れて地元の不良グループと行動を共にしていたものの、傷害事件で逮捕（不起訴）され、強制送還をほのめかされたのがきっかけで、ファミリーの関連会社で真面目に働くようになったそうだ。20代半ばでネットカフェを開業した際は、資金面も含めてファミリーが全面的にバックアップしてくれたという。

私は、ファミリーの中には違法ビジネスもやっているところがあると聞いたことを話した。ジョーは運転手兼ボディーガードに生ビールをもう一杯注文させてから答えた。

「ファミリーは、マフィアなんかじゃないですよ。大体のところは正規のビジネスをやってる。でも、大きくなれば、変な奴も交ざってくるので、怪しいビジネスをやる奴も出てくるってことです。

たとえば、長男がブラジル人相手の不動産業をやって成功したとしますよね。弟がその客を相手に金を貸す金融業（闇金）をやるとか、さらにそこから別の弟が地下銀行（違法な送金ビジネス）をやるなんてことがある。

これらのビジネスは日本では違法かもしれないけど、ブラジルでは当たり前のように行われているものなんです。だから本人たちはそんなに悪いことをしているって意識はない。利用する人間だって、日本の銀行が金を貸してくれなかったり、多額の手数料を取ったりするので、こうしたところに頼らざるをえないでしょ。だから、日本の法律に照らし合わせれば違法なんですけど、ブラジル人コミュニティの中では必要だし、需要もあるんです」

ブラジル人コミュニティは、日本とは異なる秩序によって成り立っている。そういう意味では、このようなビジネスの需要が一定数あるのは理解できる。

私はエドワルドから、ジョーが飲食店を経営する傍らでスポーツ賭博を行っていると聞いていた。日本語でスポーツ賭博と聞けば闇カジノのようなビジネスを想像するが、彼らの感覚では日本人が仲間内で賭け麻雀をするようなものなのだろう。

ただ、私が関心を寄せているのは、こうしたグレーなビジネスではなく、違法薬物や盗品の密売など大がかりな犯罪に手を染めているファミリーについてだった。これは仲間内での無許可の金融業や賭博とは毛色が違う。

これについて尋ねると、ジョーは運転手兼ボディーガードの男性と目配せしてから答えた。

「正直に言えば、ファミリーでクスリを扱っているところは俺もいくつか知ってますよ。ただ、ビジネスとしてやっているというより、クスリが好きな人間が数十グラム、数百グラム単位の少量を年に何度か持ち込んで、仲間内で売っているみたいな感じがほとんどじゃないですかね。

キロ単位で密輸してやっているところもあるにはあります。俺も直接一人知ってる。彼らの場合はブラジルの犯罪組織と太いパイプを持っていて、荷物と一緒に貨物船で運んでくる。その人の親戚がブラジルのコカインを扱う組織のメンバーで、連絡を取り合って一緒にやっているみたいな話でした。ただ、キロ単位となると、仲間内だけでさばける量じゃないので、日本人や他の在日外国人を相手に売らなければならない。そうなると、当然日本のヤクザなんかとも付き合いがなければ難しいと思います」

たまに南米からのキロ単位のコカイン密輸が摘発されることがある。これくらいの量になると、取引の時点で数千万円、末端価格で億単位の金が動くことになるので、正業を持っている人間が片手間でできる規模ではない。ジョーが言うように、背後に犯罪組織が絡んでいると見るのが自然だろう。

ジョーはつづける。

「1990〜2000年代の途中まではブラジルの犯罪組織のメンバーが犯罪を目的として日本にたくさん来てたみたいですけど、リーマンショックで、大勢のブラジル人労働者が失業して帰国したのと同時に、彼らもブラジルに帰っていった。

今日本にいるのは、その時に失業を免れて帰国しなかった人たちや、その子どもたちです。だから、昔に比べれば犯罪目的で在留している日系人はかなり少ないと思います。週末にちょっと楽しむために知り合いから買うとか、仕事がなくて困っている奴が密売に手を出すとかそんな程度がほとんど。

ただ、同じ日系人でもペルー人はちょっと違う。彼らの方がビジネスとしてクスリを扱っている。ファミリーががっつりやっていたり、日本のヤクザや中国人マフィアと組んだりして売っているんです。ブラジル人の方が数の上では多いから目立つけど、ペルー人の方がずっと質《たち》が悪いですよ」

ジョーの話によれば、ペルー人はブラジル人に比べて数が少なく、コミュニティも小さい。そのため、違法行為をするにしても、ペルー人コミュニティの中だけでは完結しないので、日本人や別の外国人と組んでやらなければならず、犯罪の規模も必然的に大きくなるらしい。

また、ペルーはブラジルより国内の経済状況が悪いせいで、世帯主や子どもが海外へ出稼ぎに行って仕送りで家族の生活を支えることが多い。この時、ペルーでは犯罪組織に金を払って日系人と結婚して在留資格を得た上で、日本へ出稼ぎに来る者が少なからずいるそうだ。出稼ぎのための偽装結婚である。そういう者たちは来日に当たって多額の借金をしているので、是が非でも大金を稼がなければならない。それで、犯罪に手を出す割合が高くなるという。

私がもう一つ聞きたかったのは、ファミリーと2世の不良の関係についてだった。取材した限りでは、ファミリーの下で違法薬物の密売や盗難品の転売をしている人間が少なからずいるという話だった。両者はどのような関係性なのだろうか。

ジョーは話す。

「ファミリーの中には、建設業だとか、クラブだとかいったビジネスをしているところが結構あります。人材派遣なんかもそう。日本に馴染めなかったブラジル人の子たちは、日本語が苦手なので、建設会社で現場の仕事をするとか、クラブでキャストをすることになります。つまり、もともとファミリーの下で働いているんです。

こうしたファミリーの中に、クスリや盗品のビジネスをしている人がいれば、彼らがそことつながるのは当たり前ですよね。それで本業をやりながら、バイトみたいな感覚でクスリを売ったり、盗品を持ち込んだりしているうちに、そっちの比重が高まっていくんじゃないかな。彼らの仲間がそれを知って集まってくることもあるでしょう。

ただ、ファミリーの側には若い子たちを利用しているという意識はないと思いますよ。ビジネスパートナーとして対等な関係でやっていますよね」

ビジネスパートナーという言葉に引っ掛かった。

日本人でも道を外れた不良少年が、暴力団と結びついて違法薬物の密売をすることはある。だが、そこでは暴力団が大きな力を持っており、不良少年たちはあくまで彼らに使われる駒のような存在だ。決して対等な関係ではない。

それを言うと、ジョーは首を横に振った。

「そこが日本人と違うところなんです。さっきも話したように、ファミリーはマフィアじゃないし、ブラジル人の習慣にも日本人みたいな上下関係みたいなものはないんです。だから、ファミリーには若い子を部下にしているという考えはないし、若い子たちも彼らをパートナーとして見ている。もちろん、犯罪組織としてガチでやっているファミリーなら別でしょうが、そうでなければあんまり利用する、されるという関係ではないはずです」

たしかにファミリーが犯罪組織でなければ、金銭的なやりとりはあったとしても、フラットに近い関係性なのかもしれない。

だが、ジョーの目には、ここ数年、在日ブラジル人の若者たちが少しずつ変化しているようにも映っているらしい。彼の言葉である。

「今の若い子のほとんどは、日本で生まれ育っていますよね。親自身が日本で育ってるって子もかなりいます。そうなると子どもはまったくブラジルの文化を知りません。

だから、静岡や愛知にいる不良の子たちは、日本人としての意識が強く、ブラジル人コミュニティとは距離を置いてますね。俺の地元には20人くらいの不良グループがあるんですが、15人くらいが日本人で、残りの5人がブラジル人、フィリピン人、中国人みたいな感じです。

こういう子たちは家庭でも社会でも日本文化で育っているので、マインドは日本人だし、悪いことをするにしても、ファミリーとではなく、ヤクザと一緒にやろうとします。俺のような世代と、その子どもたちの世代とでは、まったく違う感覚になっていますね」

1990年代に親に連れられて10歳前後でやってきたジョーたち2世は、今や40歳前後になっている。彼らが若くして子どもを作っていれば、その子はもう成人する年齢だ。こうした3世たちが日本人の文化に染まり、日本人の不良の行動原理に染まるのは自然だろう。

ジョーは生ビールに口をつけて言った。

「おそらくブラジル人だけで集まってギャングをしたいと思うような人間は、30代以上の世代までだと思うんです。実際に若い半グレの中には、ブラジルの子やペルーの子がたくさんいるし、顔はガイジンなのに任侠映画に憧れてヤクザになる子なんかもチラホラいます。そうなればファミリーの力はどんどん弱まっていくでしょうけど、犯罪色の強いファミリーとは一緒にビジネスをやったりするかもしれない。これからはそういう時代になるんだと思います」

ブラジルやペルーなどから日系人が労働者として日本に来はじめてから30年以上が経ったことで、日系人コミュニティは少しずつ日本に同化しつつある。その典型的な存在が、2世の下に生まれた3世の子たちなのだろう。

このような子どもたちが、今後どのような道をたどって生きていくのか。それが見えてくるのは、もう何年か先になるはずだ。

第二章　多国籍パブの子どもたち――フィリピン

フィリピンパブの世代交代

午前1時半過ぎ、薄暗かったフィリピンパブの店内が、いきなり煌々《こうこう》としたライトによって照らされた。営業時間が終わって客が帰ったため、黒服のスタッフが片付けのために照明をつけたのだ。

私は淫靡《いんび》な夢から叩き起こされたような気持ちになり、店内を見回した。奥にはキャストが踊るステージがあり、その周りにはボックス席やテーブル席が並んでいる。壁はミラー張りだ。営業中は薄暗く妖艶《ようえん》な雰囲気があったが、ライトの下で改めて見ると、ステージはひび割れており、客席のソファーはシミだらけで黒ずんでいた。床には大量のナッツの殻や煙草の吸い殻、コースターなどが転がる。壁紙にしみ込んだ安っぽい香水とニコチンのにおいが私の胃をむかつかせる。

隅のボックス席には5人くらいのフィリピン人のキャストが、ステージで踊った下着姿のまま足を組み、スマホを懸命にいじっていた。人気のキャストは閉店と同時に客とアフターへ出かけるが、売れ残ったキャストは今日の客や常連客にローマ字でＬＩＮＥメッセージを送らなければならない。黒服たちはそんなキャストを横目に、コードレス掃除機で片付けをしている。彼らもフィリピンにルーツを持つ者たちだ。

しばらくしてマネージャーの小林亮が電子タバコを吸いながら出てきた。小麦色の肌に、彫りの深い顔立ちをしている。彼はソファー席にいるキャストたちにフィリピン語でまくしたてるように何かを言った。おそらく稼ぎが悪いことにいら立っているのだろう。キャストたちはふてくされたようにスマホに目を落としている。

村上亮は私が座っているボックス席にやってきて言った。

「ったく、あいつらマジでクソだな。日本語もろくにできねえで、馬鹿みてえにオンラインゲームばかりしやがって」

亮はフィリピン人と日本人のハーフで、双方の言葉を流暢に話すことができた。もとは名古屋にあるこの店のママを母親が務めていたのだが、数年前から彼がマネージャーという形で引き継ぎ、実質的に経営を担っているという。亮は34歳だが、この業界ではさして若いというわけではないらしい。私はフィリピン人2世の取材をするため、知人に紹介されてこの店に来たのだ。

亮はつづける。

「今夜、アフターに行っている子はハーフの子か、フィリピンで日本人向けのパブで働いていた子ばかりだよ。やっぱり日本語ができて、ある程度は日本人のことを知っている子の方が客ウケはいい。逆に、あいつらみたいに純粋なフィリピン育ちで出稼ぎにやってきて、こっちに溶け込もうという意思がない奴は全然ダメだ」

話によれば、彼の店ではフィリピン人と日本人の間に生まれた2世の子を積極的に雇っているという。

後述するように1980~2000年代初頭にかけて、フィリピンから大勢の女性が「興行《こうぎょう》ビザ」でエンターテイナーとして来日し、働いていた。その一部の女性たちが日本人と結婚し、2世を産んだのだ。

2世の中でも、日本で生まれ育って社会に順応している女性は、夜の仕事をするにしても、日本人が働くクラブやラウンジに勤める傾向にあるらしい。顔やスタイルが良ければ、フィリピンの血を引いたエキゾチックな容姿は武器になるという。店のランキングの上位に入れば、それなりの大金を手にすることができる。

だが、日本社会に溶け込めず、10代のうちから母親の夜の商売を手伝わされていたような子や、生後間もなくフィリピンの実家に預けられて10代になってから日本に呼び寄せられた子は、フィリピンパブで働くことが多いそうだ。日本語が苦手だとか、アイデンティティが日本よりフィリピンにあるといった子たちにとっては、フィリピンパブの方が居心地がいいのだろう。

亮は言う。

「水商売は高級店から底辺店までピラミッドになっているんだ。フィリピンパブは、昔も今も底辺に近い位置づけだね。名古屋なら錦三丁目にある日本人向けのラウンジやクラブに比べれば、客層のレベルはかなり劣る。

フィリピンパブの客と言えば、日本人の若い女性には相手にされないおっさんというのが定番だ。それ以外にも、うちの店には、地域から日系ブラジル人とか、中国人とかの客も多いし、同じフィリピン人のハーフの男が遊びに来ることもある。当然、錦三丁目で遊ぶエリート連中とはぜんぜん違う。

でも、だからといってフィリピンパブは稼げないっていうんじゃないんだ。フィリピンパブにはフィリピンパブなりの稼ぎ方もあって、やる気を出して働けば栄のキャバクラナンバーワンの子と同じくらいの収入は得られる」

フィリピンパブを好み、キャストにのめり込む男性は一定数いる。だが、日本の高級店に比べれば、料金設定は安価だし、亮が指摘するように、俗に言う「太客（金払いのいい客）」が大勢来店するわけでもない。

では、どうやってキャストはまとまった額を稼ぐのか。その一つが、裏カジノだそうだ。

店が閉まった後、水商売ではキャストは指名された客に連れられて〝アフター〟と呼ばれる二次会へ行くのが慣習だ。一般的にはこの場でチップをもらったり、プレゼントを買ってもらったりすることで、キャストは小遣い稼ぎをする。この時に、亮がキャストたちに勧めているのが、客を裏カジノへ紹介することだ。

歓楽街のビルの一角には、会員限定の違法の裏カジノがある。亮はあらかじめ裏カジノ側と話をつけておき、キャストに客を店へ連れて行かせる。すると、キャストに紹介料が支払われたり、客が遊んだ額の何パーセントかがマージンとして渡されたりするシステムになっているのだという。

亮は言う。

「昔のフィリピンパブって、ヤクザ屋さんが無理やりアフターでウリ（売春）をやらせているようなイメージだろ。今は、そんなことはしない。キャストに逃げられちゃうからね。その代わり、俺がやらせるのは客を闇カジノへ連れて行くことなんだ。

裏カジノは、風俗のスカウトと同じ仕組みになっていて、紹介料だけじゃなく、その後も客が遊べば遊んだぶんだけマージンが紹介者に流れ込むんだ。フィリピンパブ好きの日本人はギャンブル好きが多いし、うちの店によく来るブラジル人、ベトナム人、フィリピン人もギャンブルを好む国民性がある。だから、闇カジノに通って馬鹿みたいに金を使ってくれることが多い。うちで一番稼いでいるキャストだと、闇カジノからのマージンだけで月に１００万円以上稼いだんじゃないかな」

仮にマージンが10％だとしたら、客は裏カジノにひと月で１０００万円使ったことになる。かなりの額だが、その裏カジノは闇金とも一体になっているため、あっという間に数千万円単位の借金を背負うことも珍しくないらしい。

ただ、闇カジノは基本的には暴力団の関与なしでは運営できない。愛知県であれば、山口組の主流組織である弘道会が運営しているか、経営に深くかかわっているかしているだろう。どのように彼らとの関係性を築いているのか。

亮は笑って話す。

「フィリピンパブは、もともとヤクザ屋さんと深いつながりのある商売だろ。うちの親の世代で、彼らとまったくかかわったことがないなんて人はいない。ヤクザ屋さんと結婚している人だっている。だから、仲良くやっていこうみたいな空気があるんだ。

ただ、同じ日本に暮らす外国人でも、ブラジル人やペルー人は逆だね。彼らは自分たちだけで固まって、ヤクザ屋さんだけでなく、日本人全般と一線を引いているような感じがする。女の子だってフィリピン人は日本人と結婚するけど、ブラジル人はそこまでじゃないでしょ。国民性なのかもしれないね」

かつてフィリピンパブは現役の暴力団構成員が経営していたり、前出の池永チャールストーマスの母親のように、構成員と恋愛関係にあったりする者も少なくなかった。おそらくそのような流れの中で、今の2世との関係性も築かれているのだろう。

私は亮の話を聞きながら、在日フィリピン人の〝世代交代〟を感じると共に、長い歴史に思いをはせずにはいられなかった。

この店にいるフィリピン人2世は、亮も含めて日本社会から外れた者たちだ。なぜ彼らが夜の世界で生きることを選んだのかは、おそらく彼らの人生だけでなく、親の世代にまでさかのぼって考えなければわからないだろう。

2世の今について考える前に、時計の針を40年ほど前に巻き戻したい。

ジャパゆきさんの夜明け

20世紀の後半は、日本にとって外国人出稼ぎ労働者が著しく増加した時代だった。

１９８０年に日本で暮らす在留外国人は78万人だったが、１９９０年には１０８万人に、そして２０００年には１６９万人に増えた。これを後押ししたのは、世界に類を見ないほどの急速な経済発展だった。

当時の日本は、「ジャパン・アズ・ナンバーワン」と言われ、世界有数の経済大国としてひた走っていた。トヨタ、ソニー、カシオなど名だたる企業が市場を席巻し、他の追随を許さない高品質の商品を世界へ輸出していたのである。

その頃の日本人にとって、フィリピンは手軽に行ける海外リゾートだった。中国は文化大革命の傷跡が残り、韓国は軍部独裁体制に対して民主化運動が起き、インドシナ半島はベトナム戦争の打撃から立ち直れずにいた。その中で、東京から飛行機で約5時間の距離にあり、安価に南国の雰囲気を楽しめるフィリピンは勝手が良く、個人から企業までが慰安旅行先に選んでいた。

首都マニラの歓楽街は日本人景気に沸き、日本人相手の飲食店が林立し、新店舗も続々とオープンしていた。売春を斡旋するクラブも多数あり、オーナーはブローカーを通じてスラムや地方に暮らすフィリピン人女性をかき集めて日本語を覚えさせ、飲食物の給仕の仕事だけでなく、性的サービスも提供させていた。日本企業の接待で、堂々とそうした店が利用されることも珍しくなかった。

ところが1980年代の前半から半ばにかけて、フィリピンの歓楽街に立ち込めるぎらぎらとした欲望の熱気に冷や水を浴びせる出来事が立て続けに起こる。

一つが、フィリピンで若い女性を買い漁る日本人に対する国民の反発だ。その厚顔無恥な態度を現地メディアが批判的に報じたことで、フィリピン国民の怒りが沸点に達し、各地で反対デモが行われるようになったのだ。こうした騒動は日本のメディアによっても取り上げられ、フィリピン観光のイメージは悪化した。

二つ目が、フィリピンで起きた政変による治安の悪化だ。当時、フィリピンの政治は、長年にわたって独裁者フェルディナンド・マルコス大統領によって支配されていた。これに真正面から反対の声を上げていたのが、政治家のニノイ・アキノだった。マルコスによって国外追放された後も、国民の絶大な支持を受けて反体制派の旗手でありつづけていた。

ところが1983年、このアキノがアメリカからフィリピンに帰国したところ、白昼堂々と銃撃されて暗殺されるという事件が起こる。黒幕が政敵のマルコス大統領であることは明らかだった。これで国民の怒りが爆発し、全国で反マルコス運動が拡大し、一気に政情が不安定になっていった。

一連のことが重なり、日本人の間にはフィリピンへの観光を避けるような空気ができ上がった。常夏の楽園だったフィリピンのイメージは、「反日感情が渦巻く、治安の悪い途上国」となったのである。

これによってフィリピンの歓楽街に不景気の嵐が吹き荒れる。日本人観光客の姿が消えたことで、彼ら向けの店は潰れ、ホステスたちは仕事を失った。

もっとも困ったのは、ホステスたちの収入を頼りにしていた家族だ。フィリピンのスラムや農家といった貧しい地域で暮らす者たちは生業だけでは食べていくのが難しく、都市や海外へ出稼ぎに行った若者たちからの仕送りに頼らざるをえない。それが失われるというのは、一族が路頭に迷うことを示していた。

ホステスたちが家族を救うために選んだのが、日本への出稼ぎだった。貧しい島国であるフィリピンは、1974年から国策として労働力の海外輸出に力を入れていた。一族の中から数人が海外へ働きに行き、送金によって母国の家族や親戚の生活を支えるのだ。国内での仕事を失ったことによって、逆に自分たちから日本へ行こうと考えるのは必然だった。

渡航の際に彼女たちが利用したのが「興行ビザ」だ。歌手やダンサーといったエンターテイナーとして興行目的での渡航が認められる資格であり、数カ月の日本滞在と就労が許された。一度の滞在期間は決まっていたが、フィリピンへ帰国して一定期間を空ければ、再入国することも可能だった。

フィリピンではマニラを中心に、日本へエンターテイナーを派遣するプロダクションがいくつも設立された。オーディションのたびに、大勢の女性たちが列をなし、そこから若くて美人でスタイルの良い女性が選抜され、日本へ「輸出」されていったのである。

現在、茨城県に暮らす50代のフィリピン人女性は、1980年代に来日した経験を持っている。彼女は次のように話していた。

「若くてきれいな子はみんな日本に行きたがってた。他に中東でメイドの仕事もあったけど、アラブ人は乱暴で稼げないって噂だった。だから日本がいいって思ってた。プロダクションのオーディションに合格したら、親戚がパーティーをしてくれた。

プロダクションは、ダンスと歌をちょっとだけ教えてくれる。日本語は、マニラの日本人クラブで働いていた人が教えてくれたけどあんまりうまくなかった。みんな20歳になるかならないかで、ちゃんと勉強してないから、挨拶くらいしかできるようにならない。だから、日本へ行って店長やお客さんから危ないことをされそうになっても、断るとか、警察に助けてくださいと言うこともできなかった」

このような女性たちは〝ジャパゆきさん〟と呼ばれた。明治から昭和初期にかけて日本人女性が海外へ出稼ぎに行って体を売ることを〝からゆきさん〟と呼んだことから、それをもじって名付けられたのである。

そうして、フィリピンから日本の歓楽街へ女性たちが出稼ぎに行く流れができ上がっていく。

日本は蟻地獄か

1980年から興行ビザでの渡航が実質的に規制される2005年までの間に、100万人以上のフィリピン人女性がエンターテイナーとして来日したとされている。全盛期には年間8万人にも達した。

こうしたフィリピン人女性たちは、名目上は日本の飲食店でプロの「歌手」や「ダンサー」として働くことになっていた。それが興行ビザの定義であり、来日する前にプロダクションからもそう説明されていた。

だが、レストランなど一般的な店で働けるのは一部で、多くの女性たちが歓楽街の外国人パブに派遣され、ステージの上で原色のライトを浴びて下着や水着を着せられて踊らされるだけでなく、ホステスとしての接客も兼務させられていた。

そもそも当時のフィリピンパブは今よりずっとダークなビジネスであり、暴力団が関与していたり、経営者自身が組員ということも珍しくなかった。そのため、店によってはコンプライアンスなどないも同然だったのだ。

特に、不法就労のフィリピン人女性を積極的に雇う店にこの傾向は強かった。フィリピン人女性の中には、興行ビザを取得できずに、悪質なプロダクションやブローカーを通して違法なルートで来日する者もいた。そうした女性たちの受け皿となっていたのが、風俗、ストリップ、ＳＭといった看板を掲げている店だった。

本書の取材で会ったフィリピン人女性の大半が、日本での仕事は来日前の説明やイメージとはまったく違ったと語っていた。静岡県に暮らす60代のフィリピン人女性は次のように回顧する。

「日本に来たのは20歳。日本のどこで働くかはプロダクションが決めた。最初、和歌山だった。店行ったら、パスポート取られて、アパートに6人で住めって言われた。みんなでご飯作ってみんなで寝る。

お給料は月3万円。ここから寮費5０００円抜かれた。これじゃ、生活も仕送りもできない。文句言ったら、店長は『足りなければ売春しろ』って言われた。店長は刺青があるヤクザね。その店長が客と交渉する。ショートが3万円、ステイが5万円。そのうち私がもらえるのはショート1万円、ステイ2万円だから、毎日やらないとお金稼げなかった。だからがんばったよ」

この頃は、フィリピン人が日本で出稼ぎをするには合法と非合法のやり方があった。前者は興行ビザを取得して働くというもの。後者は偽造パスポートや虚偽のビザで入国するか、観光ビザで入国して不法就労するというものである。

一般的には前者より、後者のフィリピン人を受け入れる悪質な店が多かったが、はっきりと分かれているわけではなく、合法的に来日した女性であっても、入店した店が悪ければ売春を強いられるようなこともあったそうだ。彼女たちにしても来日に当たって多額の借金をしていたことから、泣く泣く言いなりになっていたらしい。

先の女性は言う。

「日本人のお客さん、そんなに怖くなかった。ヤクザもちゃんと働いていれば怒らない。でも、ムスリム（イスラム教徒）のお客さんは嫌。フィリピンパブには、よくイラン、パキスタン、バングラデシュのお客さんが来る。ムスリムはすごい偉そう。ホテルに入ると、あれしろ、これしろっていっぱい言ってくる。セックスもせこい。ショートなのに3回も、4回も（性行為を）やろうとしてくる。私、『たくさんやるならもっとお金ちょうだい』と言うと、怒って殴ってくる。ムスリムは絶対嫌ね」

第一章で述べたように、1980年代後半～1990年代初頭にかけて、日本の建設現場にはイラン、パキスタン、バングラデシュの男性たちが出稼ぎにやってきていた。日本の水商売や風俗の店では外国人お断りを掲げていたことがあったため、フィリピンパブで遊ぼうとする者もいた。

先の女性によれば、ムスリムの男性客は女性を見下し、時に暴力を振るうことがあったという。ムスリムだからといって全員が暴力的だとは限らない。だが、彼らは社会の底辺で不法就労者として働くことのやるかたない気持ちや、家族と離れて暮らす寂しさを抱えており、そのストレス発散の場としてフィリピンパブを利用していた。そういう意味では、普段より暴力的になる者も一定数いたのだろう。

店側も、よほどのことがなければ、積極的にフィリピン人女性の身の安全を守ろうとはしなかったようだ。店主にとってみれば、短期で入れ替わる彼女たちは使い捨ての駒にすぎなかったにちがいない。だが、彼女たちの身には、ストーカーとなった客に追い回される、客から金を盗まれる、同僚に騙されるといったトラブルが頻発していた。そんな彼女たちが頼ったのが、同郷のフィリピン人男性だった。

フィリピン人女性が興行ビザで来日する一方、フィリピン人男性は不法滞在で建設現場の肉体労働などをしていた。彼らの中には手っ取り早く金を手にしようと、不良グループを形成して在日フィリピン人相手の賭博を開催したり、闇金のようなビジネスをしたりする者たちがいた。女性たちはそんなフィリピン人の不良に金を払い、トラブルを解決してもらっていたらしい。

かつて神奈川県で働いていた50代のフィリピン人女性は言う。

「横浜だけで3つくらいフィリピン人の男のグループがあった。私が仲良かったのはバターン州のグループ。お店の友達がバターン州の出身で、そのいとこがグループにいて紹介された。日本で困ったことがあると、バターン州のグループに頼む。(依頼費用は)3万~5万円。あの人たちは良くない人たち。フィリピン人の女の人の中には、あいつらと付き合ってる子がいたけど、みんなお金盗《と》られてた」

彼女たちにとって不良フィリピン人男性は用心棒のような存在だったのだろう。

だが、不良グループは組織立ってはなかったため、メンバーの間の連帯感はないに等しく、各々自分が儲けることばかり考えて動いていた。そのため、ヒモになってフィリピン人女性を利用するとか、依頼をすっぽかして金を持ち逃げするといったことが絶えなかったらしい。

また、こういう不良グループは違法ドラッグの密売にかかわっていることがあり、悪質な者になると、同胞であるフィリピン人女性をクスリ漬けにして売春や違法ドラッグの密輸に利用していたことがあったようだ。この際によく使われていたのが覚醒剤だった。彼らはそれで女性を手なずけていたのである。

警察の記録によれば、バブル崩壊直後の1994年に覚醒剤で検挙された外国人は338人であり、国籍別でもっとも多いのがフィリピン人175人（51・8％）だ。2番目に多いイラン人85人（25・1％）の倍以上である。当時、仕事を失ったイラン人が積極的に違法ドラッグの密売に手を出していたことを踏まえれば、フィリピン人の間で相当覚醒剤が広まっていたことがうかがえる。

偽りだらけの男女関係

今回、話を聞いた1980〜1990年代に日本にエンターテイナーとしてやってきて、売春を強いられた女性は一様に「嫌だけど仕方がなかった」と語っていた。異国にやってきて、言葉もわからないまま借金と仕送り分の金額を毎月稼ぐにはなりふり構っていられなかったのだ。

こうした生活が半年で終わるとわかっていれば、体力と気力で乗り越えられた人もいたかもしれない。だが、フィリピンのスラムや農村で困窮する親族を経済支援するというのは、コップの水で砂漠を潤そうとするようなものだ。いくら体を売って稼いでも、送金した先から金は溶けていってしまう。

そんな彼女たちにとって人生の大きなゲームチェンジの方法が、経済力のある日本人と出会って結婚することだった。日本人と結婚すれば、配偶者の在留資格を手に入れて合法的に日本にいられるし、リスクを冒さずに家族へ仕送りすることも可能になる。店側もそれをわかっており、日本人男性がまとまった身請け金を支払えば、退店を認める仕組みを用意していた。

前出の静岡県在住のフィリピン人女性は、2度目の来日時に出会った日本人の会社員と恋愛関係になり、22歳で結婚して夢を叶えたが、現実的にはうまくいかなかった人たちも多かった。

先の神奈川県に暮らす女性の言葉だ。

「日本人のお客さん、80％嘘ばっか。店では会社員と言うけど本当はプー（無職）とか、独身と言っても奥さんいるとか。社長さんって言ってたのに本当はヤクザだったこともある。結婚しても大変な人もたくさん。旦那働かないから、昼も夜も仕事しなきゃいけない人、旦那に毎日殴られる人、おじいちゃんの介護する人、それに苦しくなって自殺した人もいた」

フィリピンパブに入り浸り、若い女性を口説くのに必死な男性の中に、どれだけ堅実で高い生活意識を持っている者がいるだろうか。日本語もろくに話せない20歳前後の女性がその中から信頼できる生涯のパートナーを見つけるのは至難の業だ。

常識的に考えれば、彼女たちも若いのだから結婚を急がず、興行ビザで3回、4回と来日し、長い時間をかけてパートナーを選んだ方がいい。だが、そういう選択肢はあまり頭になかったようだ。

先の女性は説明する。

「フィリピンには日本へ行きたい若い子がたくさんいる。だから、人気ない子や年上の子はプロダクションがクビにする。行きたい言っても行かせてくれない。だから、日本に行けた時に旦那さん見つけて結婚するしかない。いつ日本行けなくなって生活に困るかわからないから」

このような背景があったため、フィリピン人女性たちは、限られた渡航のチャンスの中でパートナー探しに躍起になっていたのである。

自壊する家族

日本に出稼ぎに来て、日本人と結婚したフィリピン人女性たち。厚生労働省の資料では、その数は1995年に7188人だったのが、2000年には7519人、2005年には1万2422人に増えている。1990年代に興行ビザで新規来日したフィリピン人の数が年間約5万人なので、5人に1人が日本人と結婚した計算になる。

特徴的なのは、夫婦間の年齢差が大きいことだ。厚生労働省によれば、2015年のデータで年齢差は18・5歳。つまり、平均して20歳近く年上の日本人男性と結婚しているのだ。だが、そうした結婚の多くは失敗に終わっており、フィリピン人女性と日本人男性の離婚率は8〜9割に及ぶ。

自壊した家庭とは、一体どのようなものだったのか。今回、私は20人以上に及ぶ非行に走った2世の男女に話を聞いた。いくつかの家庭を、彼らの言葉で紹介したい。

父と祖母による母へのいじめ（茨城県出身の20代男性）

親父が日本人のトラック運転手で、お袋がフィリピン人でクラブのキャストだった。出会ったのは、お袋が20代の頃に働いていたクラブだったたって聞いてる。親父が仕事の友達と遊びに行って知り合ったらしい。

俺の記憶の中では、親父とお袋は顔を合わせれば喧嘩しているような関係だった。親父はお袋より30歳くらい上で、俺からすればおじいちゃんくらいの年齢だ。酒を飲むとみるみるうちに機嫌が悪くなり、お袋に向かって「フィリピン人はバカだ」とか「売春婦のくせに」とか「フィリピンの飯なんて食えるか」って怒鳴ってた。

お袋もカッとくるタイプなんだけど、日本語が下手で言い返せないものだから、感情的になるとアイロンを投げつけたり、鍋を窓ガラスに投げつけて割ったりする。親父もそれにキレてボコボコに殴る。俺はずっと怯えて部屋の隅で見てた。

家には家族の他に、ばあちゃん（父方の母）も一緒に住んでいたんだけど、お袋とはぜんぜん合わなかった。ばあちゃんは夫婦喧嘩がはじまると、かならず親父の肩を持った。

それにばあちゃんは俺のことまで目の敵にしていて、ちょっとでも気に入らないことがあると、「これだからフィリピン人の子は嫌だったんだ」って吐き捨てた。そんなことをくり返し言われてきたせいで、俺は親父の子じゃなく、お袋の子なんだって思うようになったよ。

周りがそんなんだったから、お袋もかなり寂しかったんだと思う。俺が小学校に上がる頃には、ほとんど帰ってこなくなった。店の寮で寝泊まりしてたって聞いたけど、本当かどうかはわからない。ばあちゃんからもこう言われてた。

「あのフィリピン女はどうせ他所で男作ってんだろ。あんた、あいつに捨てられたんだよ」

お袋が完全に家を出たのは、俺が小3の時だった。気がついたら服や靴やバッグなどあらゆるものがなくなっていたんだ。

どうやらお袋は日本人の愛人の家に転がり込んだらしい。たぶん親父と離婚の話があったんだろうな。1カ月くらいして親父から「おまえは母さんのところで暮らせ」と言われてお袋と愛人の住む家に引っ越すことになった。学校も転校した。

新しい家での生活はまったく慣れなかった。愛人の男は50歳くらいで、水道関係の仕事をしているって言ってた。あの男は俺のことを陰ですごく嫌っていて、お袋の前では何にも言わないくせに、俺と二人きりの時は「ガイジンのくせに生意気なんだよ」とか「ここはおまえの国じゃない。フィリピンへ帰れ」と言ってきた。叩いたり、熱いコーヒーをかけられたりしたこともあった。

俺は何度かお袋に「あいつと暮らすのは嫌だ」って言ったんだけど、「我慢しなさい」の一点張りだった。あの男に注意することもなかったはずだ。ビザのこととか、いろいろと事情があったんだと思う。

1年くらいして、お袋が新しい親父の子どもを妊娠した。女の子だって聞いて、一人っ子だった俺は妹ができると思って喜んだ。

でも、お袋とあの男には、俺が邪魔みたいだった。出産前にいきなり、お袋から「おじいちゃん、おばあちゃんに会いに行こう」と言われてフィリピンへ連れていかれたんだ。到着したのは、ダバオの街のスラムにある汚い実家だった。そこで、お袋からこう言われた。

「あなた、フィリピンで暮らしなさい。お父さんもそれがいいって言ってる。おばあちゃん（フィリピンの祖母）に話しておいたから」

お袋とあの男で相談して、俺をフィリピンの実家に預けることにしたんだ。新しい家庭の中で邪魔だったんだと思う。俺はフィリピンの言葉を知らないし、友達だっていないから、絶対に嫌だった。それでこう頼んだんだ。

「フィリピンに置き去りにされるくらいなら、日本にいる本当のお父さんのところで暮らしたい。お願いだから、お父さんに聞いてみて」

その晩、お袋が離婚した親父に連絡したんだけど、答えはノーだった。俺は諦められず、もう一度お袋に親父に電話をしてくれと頼んで直接話すことにした。それで俺は泣きながら「このままだとフィリピンに捨てられて死んじゃう。お願いだから助けて」って言ったら、親父は渋々「わかった」と答えて引き取ってくれることになった。

親父と一緒に暮らしてから知ったんだけど、親父とお袋の仲が悪くなったのはフィリピンの実家への「送金」が原因だったみたい。結婚後、お袋は家の金だけでなく、ばあちゃんや親戚からも金を借りて、1000万円近くの金を実家に送っていたんだって。

フィリピン人の間では、家族を代表して日本へ出稼ぎに来た以上は、たとえ結婚をしたとしても、半永久的に仕送りをつづけなければならないという決まりみたいなものがあるんだ。そうしなければ、親族から裏切り者扱いされる。お袋はそれを守ったまでだと思う。

でも、日本人はそうじゃないだろ。借金してまでフィリピンに暮らす親だけでなく、親戚にまで仕送りをするなんて非常識だ。そうした考え方の違いがあって、親父とばあちゃんはお袋につらく当たっていたんだろうね。

ただ、親父やばあちゃんがお袋のことをフィリピン人ということで見下していたのも事実だ。俺からすれば、外国人を嫁にしたんだから、もう少し考えてやれよとは思うけど。そうしたこともあって、特に親父とはうまくいかなくなって、成人してからはまったく連絡を取っていない。

厳格な母（茨城県出身の20代女性）

私のお母さんはフィリピンのミンドロ島の貧しい村で育ったみたいです。20歳になる前に初めて日本にやってきて、23歳の時に48歳の日本人の父と結婚したって聞いています。たぶん、フィリピンパブでの出会いじゃないかな。

お父さんは親戚でやっている会社で副社長をしていたので、そこそこお金は持っていたはずです。バツ2で、何度か入院していて健康状態もよくなかったけど、お酒は大好きで毎日のように飲み歩いていました。

子どもは3人きょうだいで、私が長女、年子の妹が一人、その2歳下に弟が一人います。結婚してしばらくお母さんは専業主婦をやってたみたいですが、私が小学校に上がるくらいの時に友達の紹介で近所のスナックで働きはじめました。

原因は、お父さんの浪費癖です。会社のお金をかなり使い込んじゃったらしく、親族から縁を切られて仕事を辞めることになった。それで家がいっぺんに貧乏になって、お母さんがまた水商売にもどらなければならなくなったんです。

お母さんはまだ20代だったし、外見も化粧が濃くてギャルみたいなタイプでした。とにかくお酒とパーティーと高級ブランドが好きで、放っておいたら一日中歌って踊っているような人。

家庭がうまくいっていなかったので、お母さんにしてみたら店で騒いでいた方が楽しかったみたい。毎日帰ってくるのは明け方で、それから昼過ぎまで寝て、友達と遊びに行ってそのまま出勤する。家の洗濯とか料理といった家事は、すべて私がやらされていました。

店が家の近くにあったので、私は学校の行き帰りにお母さんが知らない男と腕を組んではしゃいでいるのを何回も見ました。ドン引きでしたね。お母さんは客だって言ってましたけど、絶対に愛人もいたと思います。みっともない話ですけど、バッグの中にはいつもコンドームが入っていたし……。カラオケスナックやゲームセンターでアルバイトをしていたお父さんは見て見ぬふりでした。

お母さんのことで嫌だったのは、とにかく私と妹に厳しかったことです。自分は遊んでばかりで家のことは何一つしないのに、たまに顔を合わせると「もっと勉強して英語を話せるようになれ」とか「なんでフィリピンの言葉を勉強しないのか」とか「男の子と仲良くしちゃダメ。結婚するまでバージンでいろ」とか言ってくる。

フィリピンでは、親が年をとったら娘に養ってもらうという考え方があるんです。だから、息子は自由にさせるけど、娘は厳しく育てて一人前にしようとする。それが自分の老後を保障することになるわけですから。結局のところ娘は親の所有物でしかないんです。

本当はそういう考え方の違いみたいなことを含めて話し合えればよかったんだけど、お母さんは日本語がダメなのでちゃんとした話し合いをした経験は一度もありませんでした。お母さんが何でもかんでも命令口調で指図してきて、私がちょっと反抗すると叩かれて終わり。小学校の高学年になって私の体が大きくなってからは、お母さんは包丁を振り回して脅かしてくるようになりました。

家庭が完全に壊れたのは、小学6年の時。お母さんが一切合切を捨てて家を出ていって、日本人の恋人のところへ行ったんです。お父さんはバイト代を家に入れずに飲み歩いていたし、私や妹とは毎日のようにぶつかってばかり。たぶん、あらゆることが嫌になったんだと思います。

半年くらいして正式に離婚することが決まり、私たち子どもはお父さんの家か、お母さんの家か、住むところを決めろと言われました。私と妹はお父さんを選び、弟はお母さんを選びました。弟はかわいがられていたのでお母さんの方がよかったんだと思う。

その頃、お父さんはパチンコ店で働いていましたが、アルコール依存症で廃人みたいになっていました。それなのにワンルームのボロアパートに3人暮らし。もう地獄です。

私は中2の頃から家に帰らなくなり、中学卒業後に完全に家を出ました。妹も高2で中退して家を出た。私は妹とは連絡を取っているけど、お父さん、お母さん、弟とは音信不通です。私はそれでいいと思っていますし、これからも連絡をすることはないと思います。

漂流生活（神奈川県出身の20代男性）

両親は、俺が1歳半くらいの時に離婚したみたいです。フィリピン人の母の話では、日本人の親父が浮気をして家に金を入れなくなったってことですが、今になって考えると、たぶん母の方にもいろいろと問題があったんだと思います。

離婚後、母は日中に清掃やマッサージの仕事をして、夜はフィリピンパブで働いていました。実は俺、小さな時に自宅ですごした記憶がまったくないんです。家族とすごした思い出もない。

母は俺のことを愛してくれていたとは思いますよ。でも、生活のために金を稼ごうという意識はあるんだけど、自分の手で子育てをするという考えがすっぽり抜け落ちている人なんです。

これは後で聞いた話ですが、母は俺が3、4歳の頃まで一応アパートを借りていたそうです。でも、朝早く仕事に出て深夜に帰ってくる生活なので、その間俺はずっと放ったらかしにされていた。何度か俺が勝手に外に出たり、同じアパートの人から通報があったりして、警察や児童相談所の世話になって大変だったみたいです。

一時期、母は勤め先の店長に教えてもらい、水商売用の託児所に俺を預けていたそうです。俺もそれはぼんやりと覚えている。なんか押し入れのある狭い部屋で、おばさんみたいな女性に見張られながら数人の子どもとすごしていた記憶があるんです。たぶん、ほぼ一日中そこにいたんじゃないですかね。

どれくらい託児所に預けられていたのかは知りません。その後、母は託児所代を節約するために、借りていたアパートを引き払って、同じフィリピンパブで働く女性たちと別のアパートを借りて共同生活をするようになった。店からも寮費ということでいくらか負担してもらっていたそうです。2DKくらいのアパートで、たしか3、4家族で生活していたと思います。みんなシングルマザーとその子どもですよ。子どもは10人近くいたかもしれないなぁ。

俺にとってここには嫌な思い出しかないですね。大人はみんなホステスなんで夜はいなくなるし、明け方に帰ってきたと思ったら酔っぱらってバカ騒ぎをする。知らない男の人がやってきて、いきなり殴られたこともありました。客だったのか、誰かの恋人だったのかはわかりません。

子どもたちはみんな荒《すさ》んでいましたよ。大人の前ではいい子を演じているんですが、子どもだけになると誰かをいじめる。一番標的になっていたのが、年下で一人っ子だった俺です。寝ていたら足をライターであぶられたりした。一晩中素っ裸にさせられていたこともあった。俺はその暮らしがしんどくて、母に会うたびに泣きながら「もうここから出ていきたい」って頼んでました。

そうしたことがあったからなのか、小学校に上がってから、母は俺をいろいろな友達の家に預けるようになりました。ほとんどフィリピン人の家庭です。大げさじゃなく、20以上の家で寝泊まりしたと思いますよ。

母は熱心なクリスチャンで毎週日曜日には教会に通っていて、そこで同じフィリピン人たちと親しくしていました。日本で苦労している者同士、いろいろ話が合ったんでしょう。俺が預けられたのは、そうした人たちの家でした。

今月はこの人の家に行きなさい、次の月はこの人の家に行きなさいというように命じられていました。どの家にもその家庭の子どもたちもいたんで、居候の俺は肩身が狭かった。いじめられたこともありました。

小4までずっと母の友達の家を転々とする暮らしです。フィリピン人の間では、自分で育てられない子は親族や友達に預けるのが普通らしいんです。だから、母も自分がやっていることをおかしいと思っていなかったはずです。

この間、俺はまったく学校へ行っていませんでした。母からは行けと言われていましたが、あっちこっちに預けられていたので、学校に通うためには電車を乗り継がなければならない。そんなの面倒じゃないですか。だから、学校には行かず、コンビニでお菓子やパンを買ってブラブラしていたんです。

たぶん、小4の冬だったと思うんですが、何かのきっかけで俺が学校へ行っていないことがバレました。母はすごく怒ってこう言った。

「あんたは日本にいたら悪い人になる！」

俺からすれば、不登校になったのは母のせいなんですが、聞く耳を持つようなタイプじゃありません。

それで母は俺をフィリピンへ連れて行って、伯母さんの家に預けたんです。ここなら、ちゃんと見守ってくれる家族がいるから、安心だと思ったようです。

でも、日本で生まれ育った俺からすれば、いきなりフィリピンのボロ家に連れて行かれて馴染めるわけないじゃないですか。言葉だってほとんどわからないし。それで俺は悪いことをして抵抗することにしたんです。家のものを壊す、金品を盗む、幼い親戚が遊びに来ればいじめる。そうすれば追い出されて日本に帰れるんじゃないかって思ってやっていた。

この作戦が成功したのは、中1になる直前です。たぶん、おばさんが「手に負えない」って言ったんでしょうね。母もちょうど別の日本人男性と再婚していたので、俺を日本に連れ戻して一緒に暮らすことになったんです。

道を踏み外す分岐点

ここまで家庭崩壊した例を三つ示したが、いずれも国際結婚ならではの問題がちりばめられているように感じる。家族間でのコミュニケーションが不足しており、それぞれの文化の差異を縮めていこうという意識が希薄だ。

他の2世から聞いた話も参考にすれば、父親側、母親側、それぞれ次のような問題があったようだ。

父親側の問題

「経済力がない」「妻と言葉が通じない」「フィリピン人女性を見下す」「粗暴なタイプで暴力を振るう」「日本語や日本文化を押し付ける」

母親側の問題

「夜の商売の常識に染まっている」「在留資格目的で結婚したために愛情が薄い」「生活意識に乏しい」「日本語が下手」「夫の財産を仕送りで浪費する」

このような夫婦の結婚生活が、遅かれ早かれ破綻するのは想像に難くない。そして自壊した家庭からはじき出されたり、逃げ出したりした子どもたちを待ち受けている現実は、いやが上にも過酷なものになる。

一般的な日本人と違うのは、2世は家庭の外でも様々なハンディを背負わなければならないことだ。ほぼすべての2世が体験しているのが、外国人差別だろう。フィリピン人2世に特有なのは、「水商売の家の子」や「親が売春をしている」という視線を注がれる点だ。全員がそうでないにせよ、思春期の子にとっては耐え難いことである。

前出の茨城県出身の2世の女性は次のように話していた。

「小さな頃から、いつも自分は日本人とは違うんだって思っていました。いや、そう思わされてきた気がします。ハーフなら顔立ちや肌の色など身体的な特徴を指摘されることはよくあると思うんですが、それ以外にも小さなことが山ほどあるんです。給食の時間に『フィリピン人って魚を食べられないんでしょ』と言われる、給食の白衣を洗って持っていったら『フィリピンの洗剤は臭い』と言われる、性教育の時間に『おまえ親から病気うつされてるんじゃね』と言われる……。そんなことのくり返しで、人と接することすら嫌になってきました」

こうした経験をした子どもたちが、家庭だけでなく、学校からも遠ざかっていくのは当然といえば当然だ。

では、彼らはどのように道を踏み外していくのか。非行へと走った2世の例を二つ見ていきたい。

龍一郎—暴走族からナイトクラブ経営者へ

フィリピン人の母親は飲食店に勤めていた時に知り合った日本人男性との間に、龍一郎を産んだ。だが、わずか2年ほどで夫と離婚。シングルマザーとして龍一郎を育てなければならなくなった。

母親は以前働いていた飲食店に勤めたものの、原因不明のめまいに襲われるようになった。一度そうなるとめまいは数週間つづくため、母親は体調の良い日を見計らって知人のレストランの手伝いや、簡単な日雇い労働をすることしかできなかった。

このため、家はとても貧しく、電気や水道などが料金未払いで止められることがしょっちゅうだった。龍一郎は一枚のシャツで365日すごさなければならず、シャワーを浴びるのも、トイレを流すのも週一度と決められていたそうだ。

生活は厳しかったが、龍一郎は幼い頃から勉強が好きで、いつも成績はトップクラスだった。

クラスメイトからもそのことで一目置かれていた。彼は英語が得意だったことから、いつかはアメリカへ留学し、IT企業に就職して金持ちになりたいと夢見ていた。

小学4年生の終わり、龍一郎は家に帰り、クラスでナンバーワンの成績表を母親に誇らしげに見せた。すると、母親はこう言った。

「あんた、勉強するのはいいけど、うちにはお金がないし、借金もたくさんあるんだから、中学卒業したらさっさと働いてお金を稼いでよ」

龍一郎は自分が高校へ進学させてもらえないことを知り、落胆のあまり勉強への意欲を失った。成績はみるみるうちに下降し、授業中に教師から叱られることも増えた。

クラスメイトたちは、龍一郎が成績不良に陥った途端に態度を豹変させ、あからさまに見下すようになった。勉強ができなければ、単なる貧しい外国人でしかなかったのだろう。上級生や下級生も面白がっていじめに加わった。龍一郎は小学校へ行くのが嫌になり、休みがちになっていった。

多くの子どもは不登校になれば家に引きこもるが、龍一郎の場合は家にいても電気や水道が止められ、母親が臥《ふ》せっているため、近所の神社や川辺の公園を歩き回って時間を潰した。夜遅くまでそうやって、寝る時だけ帰宅するのだ。

そんな彼に声をかけてきたのが、町にたむろしていた中学生の不良グループだった。龍一郎が学校の給食室からパンを盗んで公園で食べていたところ、通りかかった不良グループの人たちに話しかけられて仲良くなり、会うたびにジュースを買ってもらったり、お菓子をもらったりするようになったのである。

小学6年になる頃には、龍一郎はまったく学校へ行かなくなり、一日の大半をその不良グループとつるんですごすようになる。グループのメンバーは龍一郎をかわいがり、服やアクセサリーをくれた。龍一郎のためにマウンテンバイクを盗んできてくれたこともあった。仲間意識はますます強まっていった。

当時のことを、龍一郎は振り返る。

「中学生の先輩たちは、俺にとって憧れの人って感じでした。やさしいし、かっこいいし、強いし、一緒にいるだけで自分まで同じようになれた気がしました。このグループこそが俺の家族だって感じです。

先輩と付き合っていく中でのめり込んだのがファッションでした。うちが貧乏でまともな服を着せてもらえなかった反動で、とにかく見た目をよくしたいという願望が強かった。それで先輩たちと一緒にショッピングモールで服や靴やアクセサリーを盗んで身につけていたんです。あの時は人生でもっとも腹が減る時期なのに、豪勢な飯よりも、一着の服の方がほしいと思っていました。それくらいファッションが大事だったんです」

龍一郎は中学進学後もまったく学校へは行かず、不良グループの先輩の紹介で解体作業のアルバイトをするなどしていた。ただ、中学生の違法就労だったことから、日当は3000円程度しかもらえなかった。

そんなある日、不良グループの先輩が地元の暴走族を復活させることになり、龍一郎も誘われて参加した。メンバーは10〜15人。外国にルーツがあるのは龍一郎だけだった。2年後には、総長が逮捕されたことで、龍一郎が二代目の総長に任命された。

暴走族を率いて苦労したのが、地元を縄張りにする暴力団との付き合いだった。折に触れて様々な名目で上納金を求められるのだ。

たとえば、週末に暴走族の集会を開くためには、地元の暴力団に毎月10万円の〝ケツモチ代〟を払わなければならなかった。また、お盆や暮れには、それとは別に20万〜30万円の金を渡す必要がある。さらに地下格闘技の興行が行われれば、暴力団から1枚1万円以上するチケットを100枚単位で売るように命じられた。

暴力団からの要求に応えるには、同世代や年下の者たちから脅し取るしかなかった。それでも足りなければ、ひったくり、車上荒らし、窃盗をしなければならない。龍一郎は先輩と暴走行為をするのが好きでこの世界に飛び込んだだけだったのに、いつしか凶悪犯罪から離れたくても離れられなくなっていたのである。

18歳の時、龍一郎は傷害と恐喝で逮捕されて少年院へ送致され、暴走族を引退した。1年後に少年院を出た時、世話になっていた暴力団組員から盃を交わさないかと誘われた。組織へ入れということだ。龍一郎が先輩に相談すると、こう言われた。

「今ヤクザなんかやったって金にならねえよ。それに龍一郎はもろにフィリピン人っぽい顔しているだろ。ヤクザの組長クラスには韓国・朝鮮系の人は多いけど、東南アジア系の人間ですげえ出世したって人はあんまりいない。憧れてるなら別だけど、そうじゃないなら無理してまでやるべきじゃないと思う」

龍一郎は、先輩の助言をもっともだと考え、暴力団には入らず、別の先輩が経営しているキャバクラで働くことにした。

先輩の経営しているキャバクラは3店舗あり、龍一郎は入店1年で店長を任されることになった。龍一郎がフィリピンの血を引いているせいか、フィリピン人やブラジル人の2世のホステスが自然と集まってくるようになり、それに伴って客も2世や外国人労働者の割合が増えた。

そんなある日、店のケツモチをしていた暴力団からこんな話を持ち掛けられた。

「フィリピンへ現金を運ぶ仕事がある。1回につき15万円もらえる。龍一郎の（フィリピン人に見える）顔なら、フィリピンと日本を行き来していても疑われないからやってみないか」

犯罪絡みの仕事だとわかったが、この頃の龍一郎は違法な裏カジノにはまって150万円の借金を抱えていた。それで詳しい話は聞かず、月に2度くらいのペースで、渡されたスーツケースをフィリピンへ運ぶ仕事をした。スーツケースの中身は確認しなかったが、マネーロンダリングの金だろうと思うようにしていたという。

24歳の時、龍一郎は付き合っていた5歳下の日本人女性から妊娠したと告げられた。同じグループの別の店で働くホステスだった。その場で結婚しようということになり、子どもが生まれる直前に結婚した。

それから2年後、龍一郎は独立し、妻と共にカラオケラウンジを開店させた。キャバクラが閉店した後、客とキャストがアフターで2軒目として使用する店だ。昔の職場の伝手《つて》もあり、一定の集客が見込めると考えたのだろう。開店から1年半が経ったが、経営は今のところ順調だという。

駿介──外国人の取りまとめ役に

駿介は日本で生まれた後、1～10歳までフィリピンにある母親の実家に預けられて育った。

母親はエンターテイナーとして来日した女性だった。20代の半ばに日本人男性と結婚して駿介を産んだものの間もなく離婚。一旦は駿介をフィリピンの実家に預けて、単身日本で働いていたが、数年後に別の男性と再婚して、生活が安定してから駿介を日本に呼び寄せたのである。

帰日したばかりの頃、駿介はまったく日本語がわからなかったので、小学校の授業についていけず、友達もできなかった。家には継父の連れ子の兄妹（1歳上と2歳下）がいたせいで、いつもぎくしゃくしていた。兄妹にしても、日本語の話せないハーフの子にどう接していいかわからなかっただろう。

駿介にとって心の支えだったのが、小学校のバスケットボールチームだった。フィリピンにいた時からバスケが好きだったため、学校の授業は休みがちでも、バスケの練習や試合にはかならず参加した。チームメイトやコーチと親しくしたおかげで、だんだんと日本語を話せるようになっていった。

中学でも駿介はバスケ部に入部して活躍した。相変わらず勉強は苦手だったが、スポーツ推薦で高校へ入り、将来はバスケの本場アメリカへ留学することを目標にしていた。

そんな人生が大きく変わったのが、中3の春だった。日曜日の朝、昼近くまで眠っていたら突然叩き起こされ、母共々家から追い出されたのだ。後に知ったのだが、原因は母親の浮気が見つかったことだったようだ。母親は、友達から金を借りて他県のアパートへ引っ越した。そのせいで、駿介は転校を強いられ、バスケもやめざるをえなくなった。

駿介は新しい学校へ行かず、家でふてくされて暇を持て余していた。母親は「家計が苦しいのだから学校へ行かないなら働け」と言い、知人がかかわる塗装関係の会社で働くよう促した。駿介は新たな目標も抱けないまま、塗装職人の助手のようなことをして、給料の半分を母親に渡した。

そうした日々の中で、会社の先輩から勧められて手を出したのが覚醒剤だった。束の間の幻覚が心の穴を埋めてくれるような錯覚を起こしたのだろう。覚醒剤にのめり込んでからは、堕落するのはあっという間だった。給料はすべて覚醒剤に消え、あとは窃盗、置き引き、ひったくりで金を手に入れると、それらもすべて覚醒剤に使った。やればやるほどのめり込み、朝から晩までどうやって覚醒剤代を稼ぐかで頭がいっぱいだった。

ある日、駿介がネットの知人から紹介されたのが闇バイトだった。応募してみると、次のように言われた。

「海外で暮らす日本人への営業の仕事。短期の出稼ぎだから楽に稼げるよ。現地で安くシャブを買うことだってできる」

駿介は、大金を稼ぎながら覚醒剤もできるという話を鵜呑みにし、東南アジアの某国へ行った。そこで待っていたのは、特殊詐欺の仕事だった。パスポートを取り上げられ、アパートに閉じ込められ、かけ子の仕事をさせられた。

すでに闇の世界に踏み入っていた彼は特殊詐欺をすることには何も思わなかったが、一つ想定外だったのが、生活を厳しく管理され、クスリの使用が厳格に禁じられていたことだった。ただ、このおかげで覚醒剤から距離を置くことができたのも事実だった。

半年ほどして海外の生活に慣れてきた頃、状況が急に一変する。ある日、上層部から招集がかかり、「今日で解散する」と言われ、パスポートを返されたのだ。噂では関係者が捕まったという。東南アジアを拠点にする別の特殊詐欺グループがバイトを募集していると聞いたが、駿介は日本に帰国することにした。

日本にもどった駿介は、もはやまともな職業に就く気はなくなっていた。特殊詐欺で知り合った人物に相談すると、次のように言われた。

「俺の兄貴分が外国人労働者に仕事の斡旋をしている。おまえ、英語やフィリピン語ができるんだろ。兄貴分の手伝いをしてくれないか」

兄貴分という人物は、日本に暮らす就労資格のない外国人を集めて、不法就労の斡旋をしているという。駿介はそのような外国人の取りまとめを頼まれたのだ。

駿介は断る理由もなかったので、受けることにしたが、手取りは20万円ちょっとと安かった。だが、彼は売人から買った覚醒剤を、外国人労働者に転売して小遣い稼ぎをするようになった。口コミで外国人から外国人へと広がり、商売は繁盛するようになった。現在は覚醒剤関連だけで毎月30万円前後の売り上げになるという。

フィリピンパブの男

こう見ていくと、たしかにフィリピン人2世が非行に走った場合、日本人と比べて少し特殊なルートをたどっていると言えるように感じる。

では、ここで示した個別の事例ではなく、全体的にはどのような特徴があるのだろうか。本章の冒頭で紹介した愛知県のフィリピンパブのマネージャーを務める亮に話を聞くことにした。

まず、亮の経歴から簡単に記しておきたい。

亮の父親は日本人で、名古屋市内のフィリピンパブで雇われ店長をしていたそうだ。その店でエンターテイナーとして働いていたのが若き日の母親であり、彼らの間に生まれた長男が亮だった。

亮が3歳の時、両親は勤めていた店からのれん分けさせてもらう形で、新たにフィリピンパブをオープンさせた。父親が店長、母親がママを務め、フィリピンから呼び寄せた若い子を使って切り盛りしていたそうだ。

ただし、この頃は中国人パブが流行っていて合法店から違法店まで乱立する一方で、フィリピンパブの人気は下火になっていたそうだ。こうした苦労もあったのだろう、亮が8歳の時に父親は店の更衣室で首を吊って自殺した。

その後、母親は一人で何とか店をつづけ、4年後に常連客だった建設会社の社長と再婚した。この男性の経済的な後押しもあり、だんだんと店の経営は回復し、黒字化に成功した。

亮は母親の苦労を間近で見てきたので、小学生の頃から店で食器洗い、酒の運搬、おつまみの買い出しなどあらゆる手伝いをしていた。営業中にステージでカラオケを披露して客からチップをもらうこともあったらしい。

中学卒業後、亮は高校へは進まず、継父が経営する建設会社に就職した。だが、18歳の時に、会社が倒産し、継父が夜逃げ同然で失踪した。母親は茫然とし、心を病んだように一時は「死にたい」とばかり口にしていたという。

亮はしばらく定職に就かず、地元の半グレとつるんで違法スカウトや違法風俗の経営の手伝いをしたりした。23歳の時には、後輩の知人に対する恐喝で逮捕された。実刑も覚悟したが、執行猶予で済んだため、亮は母親を支えるためにも、倒産寸前だった実家のフィリピンパブの経営を担うことにした。

彼は次のように話す。

「俺は自分がフィリピンにルーツを持つ人間の代表だなんて思っちゃいない。でも、水商売をしてるハーフって意味では、よくあるタイプというか、いても不思議じゃないタイプじゃないかな。日本にはフィリピンのハーフはたくさんいるけど、お互いにかかわる機会はあんまりないんだ。母さんたちの世代はフィリピンで生まれ育っているから、日本に来た後も同胞意識からフィリピン人同士の付き合いをする。でも、俺らハーフって、日本生まれの日本国籍がほとんどだし、通っている学校にハーフがたくさんいるわけじゃないから、あえてハーフ同士でつるもうっていう気持ちは薄いよね。たまたま身近にハーフの奴がいて、そいつと気が合えば仲良くするくらいじゃないかな」

敬虔なクリスチャンであるフィリピン人女性たちは、毎週日曜日ごとに教会へ礼拝に通う中でコミュニティを形成する。彼女たちは結婚して水商売をやめた後も、そこに属して情報交換をしたり、支え合ったりしている。出身地域が異なっていても、フィリピンで生まれ育ち、同じような経緯で来日した者同士ということで強い連帯感を持っているのだ。

これに対して、2世は学校や習い事で他の2世と出会う機会は多くないし、日本語ネイティブなのであえて2世同士で集まったり、情報交換したりする必要性はない。教会に関しても、幼い頃に母親に連れられて洗礼を受けたとしても、そこまで熱心な信者は少なく、思春期の頃には教会と距離を置くようになる。

このため、フィリピン人2世が同じ出自の者だけで集まってグループを形成することは稀だ。社会に差別があろうとも、彼らは意識の上では日本人なのだ。だから非行に走った時は日本人と同じように地元の不良グループ、暴走族、半グレの一員になる傾向にあるらしい。

亮はつづける。

「フィリピンのハーフで、ヤクザ屋さんになる人は、いることはいるけど、そんなに多くはないな。組の中に人種差別はないだろうけど、単純に世代的な問題で組員になる理由が見つからないんだと思う。俺らフィリピンのハーフって、ほとんど1990年代以降の生まれで、10〜20代が一番多いから、ヤクザ屋さんに対する憧れみたいなものがあんまりないんだ。

その代わり、半グレと呼ばれるようなグループにはハーフの子は結構いるよ。フィリピンだけじゃなく、俺の知り合いにも親父がアフリカ系だとか、母親がロシア系だとかって奴がいる。半グレの方が警察に目をつけられにくいし、変なしがらみもないってイメージなんだよ」

暴力団が儲かる時代だった1980年代以前、差別を受けていた在日外国人といえば韓国・朝鮮人が大半だった。それゆえ、彼らの一部が道を外れ、暴力団の構成員になることはあった。指定暴力団のトップの中にも在日韓国・朝鮮人は多い。

ところが、1990年代になって在日外国人のルーツが多様になると、暴力団を取り巻く状況は変わっていく。さらに暴対法や暴排条例によって暴力団への締め付けが厳しくなり、日常生活を営むことすら危ぶまれる状況に陥った。

亮たちはそれを間近で見てきた世代だ。暴力団に入ることに消極的になり、どうせなら半グレをした方がいいと考える者が出てくるのは必然だ。

彼はつづける。

「ただ、半グレをやってるハーフは、どこかで俺みたいに母語や外国とかかわりのあるビジネスをしている人が多いイメージがある。やっぱり言葉ができるからだろうね。ネイティブほどでなくても、簡単なやりとりくらいできればそれなりの武器にはなるじゃん。実際に、フィリピンパブの男性従業員の中にはハーフの人は多いよ」

先に紹介した龍一郎や駿介がそうだ。彼らは若いうちから日本の不良グループや犯罪組織と深いかかわりがあり、ある程度の年齢になった時に2世であることの特性を活かせるビジネスに誘われたり、自分からそこに活路を見いだしたりした。

亮も同じだ。フィリピンパブを経営するには、フィリピン人のダンサーやホステスとのコミュニケーションが欠かせないし、人材確保のためにフィリピンのエージェントや知人とのパイプもなければならない。

その点、亮は幼い頃からフィリピンパブを裏から見てきたし、フィリピン語も日常会話レベルならできる。そして夜の街に広いネットワークを持つ半グレにも太い人脈がある。こうしたことが、彼のビジネス上の武器になっているのだ。

亮は語る。

「俺がフィリピンとのハーフであることをうまく使ってビジネスをしているのは事実だ。ただ、俺が自分でそうしたというより、日本人があまりやろうとしないから俺がやるスペースができたんじゃないかな。

結局、ヤクザ屋さんでもフィリピン関係のビジネスに手を出すのは、兄貴分とか舎弟がフィリピンにどっぷりつかってシノギをしているとか、フィリピン人の嫁や愛人がいて一緒にやっているといった人たちがほとんどなんだ。つまり、ヤクザ屋さんにせよ、半グレにせよ、普通の人はわざわざ外国人を扱うようなビジネスをするってことは少ない。

だから、フィリピン関係のビジネスについては、何かしらのコネのある人か、俺みたいなハーフがやることが多いんだと思う。俺にしてみたら、たまたまこの商売が合っているからやっているといった感じだよ」

前章で見たブラジルやペルーから来た日系人ならば、一つの団地に数百世帯が暮らしていたり、一つの町に同胞が何千人も住んでいたりして巨大な日系人コミュニティが存在する。

だが、フィリピン人は人口としては多くても、全国津々浦々に点在し、日本社会に同化しているため、一つの町のコミュニティ自体はさほど大きなものではないので、そこだけに特化してビジネスを展開する人は少ない。そうした隙間産業を、亮のような人間が埋めているということなのだろう。

では、2世の女性の場合はどうなのか。彼はつづける。

「家庭環境が悪いハーフの女の子が、中高生の時にギャングと付き合うとか、ギャルみたいになることはよくあるよ。ただ、ハーフの女の子は男ウケがいいから、最終的には結婚してうまくやっている子がほとんどじゃないかな。俺の知り合いでも、すごい金持ちと結婚してセレブみたいになった子がいる。

ハーフの女の子でうまくいかないのは、フィリピンで長く生活して、10代半ばとかで来日した子だね。ずっと離れ離れでいたので親ともうまくいかないし、言葉も文化も全部フィリピンに染まってるから日本に簡単には馴染めない。それで中卒とか、高校中退で水商売をはじめると、もう他に何もできなくなっちゃうでしょ。かといってフィリピンにも帰れない。それでクスリにハマっちゃう子とかは結構見てきた」

今の日本では、フィリピン人2世は珍しくなく、一時代前に比べれば差別も減ってきている。一流企業に就職したり、若くして起業したりして経済的に豊かな生活をしている人も少なくない。

一方で、亮が指摘するように、10代の半ば過ぎまでフィリピンで暮らしてきた子どもたちは違う。日本に来たところで、家庭での生活や、学校での友人関係に順応できず、気がついたら裏社会に流されていたということがあるらしい。

2世といっても、家庭環境だけでなく、来日の経緯によっても状況はまったく違ってくるのだろう。

ミナミの多国籍パブ

12月の日が落ちた午後5時、私は大阪府のＪＲ難波《なんば》駅から歓楽街「ミナミ」へと徒歩で向かっていた。

若者から高齢者までがごった返す人波には、外国人観光客と思《おぼ》しき人々も少なくなかった。日本の乾燥した寒さに慣れていないのか、一様に背を丸め、上着のポケットに手を入れて歩いている。

私が向かっていたのは、スナックやパブがひしめく雑居ビルに入っている多国籍パブだった。これまで話を聞いた2世の多くは男性だったが、困難を抱えているのは女性も同じだ。そこで、水商売の世界にいる2世の女性について話を聞きたいと前出の亮に頼んだところ、この店の店長を紹介されたのだ。

初めはなぜ大阪なのかと思ったが、亮にしてみれば自分の店のことはもちろん、地元の事情を根掘り葉掘り聞かれたくなかったのかもしれない。紹介された店長にＳＮＳ経由で連絡を取ったところ、少し困惑しながらも「開店前の時間帯なら」と会ってくれることになったのである。

ところで、私はこの店を訪れる前に、フィリピン人2世の支援をしている団体からも情報を得ておこうと、東京にあるＮＰＯ法人「ＪＦＣネットワーク」の事務所にも取材で赴いていた。

ＪＦＣとは「Japanese-Filipino Children（日本人とフィリピン人の間に生まれた子どもたち）」の略であり、同団体は主に日本人の父親に認知をされていない在フィリピンの2世を支援する活動をしている。

日本人の父親の中には、フィリピン人女性との間に子どもを作っておきながら、認知もせず、養育費も払わず音信不通になっている者も少なくない。そういう父親にコンタクトを取り、法的手続きを執って認知をさせ、子どもの権利や尊厳を守っているのだ。

今回改めて話を聞いたところ、ＪＦＣと呼ばれる2世は推計で数十万人存在するということだった。その中には認知どころか、父親の身元すらはっきりとわからない子も含まれているらしい。

実は10年近く前にも、私はマニラにある同団体の事務所で、10人以上の2世にインタビュー取材をさせてもらったことがある。この時に私が会ったのは、日本人の父親に認知をしてもらっていない子どもたちだった。日本で知り合って男女の関係になったものの、妊娠発覚後に日本人の父親が訳あって認知届を出さず、逃げるように行方をくらましてしまう場合がある。フィリピン人の母親は仕方なくフィリピンにもどって出産するか、日本で産んだ子どもを実家に預けるかする。そのようにしてフィリピンで育った2世たちである。

彼らはフィリピンで育っているので日本語をまったくと言っていいほど話せなかった。それでも私が話を聞いた2世たちの7、8割が将来の夢として次のように語っていた。

「いつか認知してもらって、正規のルートで日本へ行って働きたい」

よくよく聞くと、こうした2世たちが資格を取得して日本に働きに行ける方法があるということだった。今回、大阪に来る前に聞いた話では、このようなルートでやってきた2世たちのことについても教えてくれるということだった。

ミナミの中心地から少し外れたところに、その雑居ビルは建っていた。築年数が古いのか、全体的に薄汚れており、通路にはビール瓶のケースが詰まれ、床には煙草の吸殻やレシートなどが捨ててある。天井の蛍光灯も切れかけて明滅していた。

指定された店の前へ行くと、店名が記されたアクリルプレートがかかるドアが見つかった。ノックをして開けると、入り口の壁にはキャストである外国人女性の顔写真が貼られていた。それぞれに番号がつけられている。奥にはカラオケの機材が置かれたステージがあり、その前に客用のテーブルが並んでいた。店内は充満する煙草、香辛料、芳香剤、消毒剤のにおいなどが入り混じっていてむせ返りそうだ。

私が声をかけると、裏からスーツ姿の長身の男が3台のスマホを手にして現れた。事前に連絡を取っていた店長の織田昭正だ。金髪と白髪が入り混じる40代の男性だ。

昭正は私をテーブルのソファー席に座らせた。私は改めて亮から紹介された者であり、フィリピン人2世について取材していることを説明した。昭正は電子タバコをくわえて、高い声で話しだした。

「店の詳細を伏せてくれるという約束であれば、話せる範囲で話します。うちは多国籍パブで、いろんな国の子が働いています。フィリピンの子がもっとも多く、今は18人いるキャスト中14人がフィリピンにルーツがある子です。店の常勤の男性従業員にもフィリピン人がいます。うちの店がやっているビジネスの内容について、亮君からどこまで聞いています？」

店を紹介される際、亮からは「ぼったくり店」だと教えられていた。入店時に提示されるセット料金は安いが、支払いの際にサービス料だの何だのと言いがかりをつけて相場の数倍の料金を請求するらしい。私がそのことを率直に話すと、昭正は一瞬眉間にしわを寄せてから言った。

「亮君、そこまで話しちゃってるんですね。わかりました。前もって言っておきますけど、うちでは客全員に対してぼったくりをしているわけじゃありませんよ。一応相手を選んでやってます。うちの特徴は日本人ではなく、外国人客をターゲットにしていることです。大阪には観光客も含めて外国人がたくさん集まっています。そういう人たちを呼び込んで、キャストをつけて飲んでもらう。

外国人でも日本語が話せたり、日本人の知り合いがいたりしそうな相手にはそんなに高い請求はしません。警察に訴えられると面倒ですから。ただ、完全な観光客で、それなりに金を持っていそうで、酔って羽目を外すタイプには料金を盛ります。とはいっても、せいぜい一人当たり10万円とか、15万円とかその程度ですけど。

その代わり、キスや軽いボディータッチまでは見逃しています。多少エロいことをやっている方がつけ込みやすいし、なんなら〝罰金〟の名目で金を請求しやすいからです」

大阪屈指の繁華街には、日々、世界中から大勢の外国人が集まってくる。観光でやってきた外国人の中には、日本語はわからないけど、夜遊びをしたいという人も少なくない。昭正たちがターゲットにしているのは、そうした客層だという。

店に英語を話せるフィリピン系のキャストを多く置いているのはそのためだそうだ。彼女たちは店で客を待つだけでなく、自ら街に出て客引きもする。外国人観光客に声をかけ、「英語が話せる店だから」と言って店へと連れてくるのである。

客引きの方法は大きく3通りあり、一つ目は店側がSNSを使って集客すること、二つ目は街にいるアフリカ系のキャッチに引っ張ってきてもらうこと、そして三つ目はキャストの女性たちが自ら街頭で声をかけて連れてくることだ。客の半分以上はキャストの声掛けによるもので、その場合は客が支払った額の何割かがキックバックされる仕組みになっているらしい。

昭正は言う。

「ミナミには、〝混ぜ物（アルコールに睡眠薬等を入れる）〟をして身ぐるみを剝ぐような店もあります。日本人客に比べれば、日本語の話せない外国人は泣き寝入りすることが多いので、捕まるリスクは低い。

ただ、うちはそこまで悪質なことはやりません。せいぜいATMで引き落とせるくらいの金額しか請求しない。ほとんどの外国人は払いますし、文句を言ってきてもキャストの体を触ったことへのペナルティだと言えば納得します。請求額を抑えている理由ですか？　あえて言えば、店のオーナーと店長の俺が日本人ってところが大きいかな。店のオーナーが外国人だったらぼったくり店を数カ月やって大金を稼いで、後はさっさと祖国へ帰ればいいでしょうが、日本人だとずっとこの国で生活していかなければならないし、街の人たちとも付き合っていかなければならない。一線を越えれば逮捕の危険も高まるし、同業者の怒りを買うこともある。波風立てないくらいの程度でやっていくべきだと思っています」

オーナーの日本人男性は50代で、フィリピン人女性と結婚していて子どももいるという。飲食店の他に、マッサージ店や外国人が利用する日用雑貨店など幅広く手掛けているとのことだった。

一方、昭正は雇われ店長という立場だ。大学在籍中の19歳の頃に外国人女性が集まるクラブでアルバイトをしたのがきっかけで、中退後は語学留学も含めてフィリピンに合計で6年間滞在した経験がある。英語とフィリピン語は日常会話レベルなら問題なく話せる。帰国後、バーや居酒屋の経営をしたがうまくいかず、水商売を転々としている中で今のオーナーに拾われて店を任されるようになったという。

昭正は言う。

「うちでは客の8割が日本語をあまり話せない外国人なので、キャストには日本語会話力を求めていません。中学レベルくらいの英語力はマストですが、日本語はできなくても構わないことにしている。

とはいえ、キャスト全員を外国人で固めるとうまくいきません。客は外国から日本に来ているくらいだから、心のどこかで日本人とも話したいと思ってる。なのでうちではハーフの子を雇うようにしていて、今は日本で生まれたフィリピンとのハーフの子が3人、加えて中学だったか高校だったかで来日したフィリピンのハーフの子が2人います。英語ができる生粋の日本人の子もいます」

日本人男性が外国の歓楽街へ遊びに行った時をイメージすればわかりやすいかもしれない。日本人男性が中国へ行って夜遊びをしようとした時、街頭でフィリピン人から声をかけられてフィリピン人キャストしかいない店へノコノコとついていくだろうか。「なぜ外国人が?」と身構えるのが一般的な反応だろう。それなら、中国人や中国人のハーフから声をかけられた方が安心感や興味を持って店へ行こうと思えるのではないか。

こう考えると、多国籍パブとはいえ、日本人の血を引いているキャストを置いた方が商売の上で有利だという主張は納得できる。実際にキャストが客引きをする際は、2世のキャストの方が成功率は高いらしい。この店では、2世のキャストが集魚灯のような役割を担っているのかもしれない。

3世へとつづく負の連鎖

昭正はどのようなルートでフィリピンにルーツのある女性たちを雇っているのか。彼は次のように答える。

「生粋のフィリピーナは、フィリピンから呼び寄せています。ちょっと前から、興行ビザが取りやすくなったので、日本には正規のルートでやってくる若い子が増えているんです。昔みたいに不法就労を前提で来日してくる子っていうのは見かけません。

ハーフの子たちはそれぞれですね。日本で生まれ育った日本国籍の子もいますし、フィリピンで育った子もいます。日本人との血縁関係を証明することができれば、日本で働くことに法律的な問題はありませんから。

直接は知りませんが、聞いた話ではフィリピンで育ったハーフの子たちを日本に送り込む専門のエージェントもあるみたいです。向こうで日本人との血縁関係を明らかにして日本に来られるように手配するそうです」

JFCネットワークの事務所で聞いたのと同じ話だった。

フィリピンには2世の子が大勢暮らしていることは先述の通りだ。日本人の父親に認知されていなければ、彼らはひとり親家庭のフィリピン人としてフィリピン国籍を取得して生きていくことになる。

ただ、こういう2世たちも後から日本人の父親の認知を受ければ、日本へ渡る資格を取得できる。そのため、エージェントに「NGOに相談して日本人の父親から認知を受けてこい」と指示され、JFCネットワークに相談に来る2世の子がいるという。日本に送り込む目的で、在留資格を取らせようとしているのだろう。

では、亮が話していた10代半ばで来日した2世はどうなのか。彼は答える。

「うちにいる2人について言えば、共に幼い頃はフィリピンにある母親の実家で暮らしていたそうです。母親は日本で出稼ぎをしていて10年かそこらは離ればなれだった。けど、中学や高校の時に呼ばれて、日本に移り住んできたそうです。

でも、僕の経験上、親の都合でフィリピンで育ち、10代で日本に来た子ってうまくいかないことが多いんです。来日した時には言葉も文化も全部フィリピンに染まっているから、なかなか日本社会に溶け込めないし、かといって20歳くらいまで日本にいればフィリピンに帰るという選択肢もなくなる。それで迷走しているうちに闇堕《やみお》ち（社会から外れる）する子も多いです」

これは亮の指摘とも重なる点だ。母親からすれば、生活が安定するのを待ってからわが子を日本に呼び寄せたつもりなのかもしれない。だが、2世の子からすれば、生活の拠点だったフィリピンから引き離され、言葉も通じない日本の学校に入れられたところで、適応するのは容易ではない。

私が取材した2世の中にも、そんな子が少なからずいた。ある男性は、中学3年の終わりに母親に呼ばれて来日した。まったく日本語がわからないまま3カ月後に中学を卒業し、公立高校の外国人枠に入学したが、そこでもついていけずに数カ月で中退。母親とも仲が悪くなり、清掃業、建設業を経て、クラブのボーイとして働いている中で裏社会に取り込まれ、違法ドラッグの密輸をして逮捕された。彼が日本語の勉強をまともにしたのは、刑務所に入ってからだったという。

17歳で来日した女性の2世もいた。フィリピンでは成績優秀で、将来は貿易関係の仕事に就きたいと考えていたそうだ。だが、彼女も母親に呼ばれる形で来日し、日本の高校の勉強についていけずに中退。日本の学歴も、フィリピンの学歴も中途半端になったため、企業への就職を諦め、フィリピンパブで働きはじめた。現在26歳になるが、これまで水商売以外の仕事をしたことがないという。

亮や昭正の話を総合すれば、夜の街に流れてきているのは、このような2世の人たちなのだろう。

昭正はつづける。

「女性に関して言えば、ハーフ同士で仲良くすることはあるようですよ。クラブやSNSで知り合うんじゃないですかね。10代半ば以降に来日した子は、母語はフィリピンの言葉なので、文化や言語が同じ者同士で仲良くしたいのでしょう。うちで働いている子が、そうやってSNSで知り合ったハーフの子を連れてきて紹介してくれたこともあります」

フィリピンで育って母語も祖国の言葉であれば、たとえ日本人の血を引いていたとしても、文化的には生粋のフィリピン人と何ら変わらないだろう。そういう女性たちが、日本に来た後も、同じフィリピン人とのつながりを求めるのは不思議なことではない。

昭正はつづける。

「うちの店で言えば、ハーフの子たちは『金持ちと結婚してVIPになる』みたいな夢を語りますが、実際はかなり苦労していますね。やっぱり日本に溶け込んでいないので、騙されるケースが多いんだと思います。

最近よくあるのは、クラブなどで出会った同じ2世の男に引っ掛かるパターンです。彼女たちにしてみれば、2世の男は片言でも母語が話せるし、似たような境遇ということでわかり合えるような感覚がある。それですぐに付き合って結婚するんだけど、数年でダメになることが多いです。

うちの店でも、何人か2世の男とできて辞めていった子がいますが、僕の知る限りほとんどうまくいっていません。妊娠中に男に逃げられるとか、子どもが生まれてすぐにDVされて離婚するとか、一緒にクスリをやって逮捕されるとか。路頭に迷って子連れで面接にやってきて、うちで働かせてくれともどってきた子もいます。その子は半年後には虐待が見つかり、児童相談所に子供を連れて行かれてしまいました」

彼女たちは日本で生きていく力を持たないまま夜の街で生きてきた。そこで同じような2世たちと出会い、結ばれたとしても、社会に溶け込み、家庭を築き、社会人として真っ当に生きていくのは至難の業だ。

彼らの多くはかつて、1世である親から貧困にさらされ、ネグレクト、暴力といったものを受け、苦しんできた者たちだ。そうした者たちが未熟なまま家庭を持って、「負の連鎖」が起こるのは必然と言えるだろう。

その時、ドアが開いて2人のキャストらしい女性が入ってきた。共に20代後半くらいのフィリピン系の女性だったが、小麦色の肌に不自然なほど白いファンデーションを塗りたくっている。一人は私に笑顔で手を振ったが、もう一人は怪訝そうな目を向けてくる。

昭正は彼女たちを一瞥すると立ち上がって言った。

「そろそろ仕事だからこれで帰ってもらっていいですかね」

時計を見ると約束の時間までまだ数分あった。あと少しだけいいかと頼むと、昭正は首を横に振った。

「俺がペラペラと話していることを知られたら、女の子たちが不安になっちゃいますよ。他の子たちもがんばってやってるし、それをサポートするのが俺たちの役割なんで、そこらへんわかってください」

この店で昭正は、保護者のような存在になることで、フィリピンにルーツのある女性たちをうまくまとめ上げているのだろう。

また、ドアが開いて一人のキャストが出勤してきた。昭正は黙って私に背を向け、店の裏へと消えていった。

第三章　成り上がった殺し屋の息子——コロンビア

ストリップ劇場

　１９９０年代、新宿・歌舞伎町にフィリピンパブや中国人クラブが林立していた頃、すぐ裏の職安通りから新大久保駅の間に広がるラブホテル街の片隅には金髪、ミニスカート、ブーツというスタイルの外国人が立っていた。南米のコロンビアから出稼ぎに来た女性たちだ。

　この当時、ネオン街で〝コロンビア人〟といえば、道で客引きをする街娼や、ストリップ劇場で働く踊り子を示していた。背が高く、長い髪をなびかせ、強烈な香水を漂わせているのが特徴的だった。

　同じ南米でも、コロンビア人はブラジル人などの日系人とはまったく異なる経緯で来日していた。国際的な人身売買のルートに乗ってやってきて、不法滞在のまま暴力団の管理下に置かれ、売春をしていたのである。彼女たちの中には、日本で体を売ることの意味がわからないまま、半ば騙されるようにして来日した者も少なくなかった。

当時の女性たちの一人が過去を赤裸々に書き綴った手記がある。マルセーラ・ロアイサという女性によるものだ。

マルセーラはコロンビアの貧困家庭で生まれ育ち、レジ打ちの仕事をしていた。だが、強盗に遭ってなけなしの金を根こそぎとられてしまう。これからどうやって生きていけばいいのだろうか。

諦めに近い心境になっていた時に出会ったのが、現地の人身売買のブローカーだった。マルセーラはブローカーから、日本へ行って「ダンサー」として働くという話をもらい、コロンビアを離れる決意をする。

1999年、マルセーラはブローカーから手渡されたオランダの偽造パスポートで入国する。成田国際空港で待ち受けていたのは、同じコロンビア人の〝マニージャ〟と呼ばれる30代半ばの女性だった。マニージャとは、スペイン語で「手錠」を意味し、売春の管理・監督役だ。

マニージャは、彼女に対して日本への渡航費用として2億ペソ（当時のレートで約500万円）の返済を迫り、売春をしろと命じる。マルセーラは仕方なくマニージャの指示通りに池袋の街頭に立って1回2万円で体を売った。彼女は売り上げから毎日借金返済に2万円、池袋を縄張りにする暴力団に1万円を支払わなければならなかったため、最低でも2人の客を取る必要があった。

彼女は街娼や風俗の仕事をした後に、ストリップ劇場で働くようになる。次の文章は初日の勤務のシーンだ。

最初のショーが始まった時に、カーテンの後ろからショーを覗いてみた。もう日本ではあらゆることを目にしてきたと思っていたが、それは大間違いだった。

それは、一メートルほどの回転台の上で行われるストリップショーで、男たちは台にいる女を食べてしまいたいという欲求を押さえきれないようだ。お客が払う入場料は一〇〇〇円で「タッチ」というオプションもあり、ショーが終わった後にダンサーの胸を触ることができる。男たちは列に並び、順番に胸を数秒間揉んで出て行った。ショーは二〇分間続いた。

（中略）

とにかく行かなければならなかった。私を生のまま食べたがり、写真を撮りまくりたがる愚かな男たち。そこにいる麻薬中毒者、日雇い労働者、浮浪者を幸せな気分にしなければならなかった。男たちはその写真を見て何度もマスターベーションするのだ。私はステージで踊り続けなければならなかった。私が足を上げている間、男たちは飽きることなく写真を撮り、私の痛みと悲しみで楽しんでいた。その一〇分間は永遠に続くかのように感じられた。私はその男たちの方を見てはいたが、実際は何も目に入ってこない。人の動きだけが見え、何も聞こえなかった。ただ、あのドアから出て行きたい。この残酷な世界から抜け出したい。ただの悪い夢であってほしかった。別の空間であってほしかった。あのドアをくぐってコロンビアに着けるのならばと思った。

しかし、現実はそうではなかった。そこは日本だった。自分自身を捨てなければならず、自分の生活を生きる権利もない場所。

（『サバイバー』マルセーラ・ロアイサ　ころから刊）


1990〜2000年代の歓楽街を知る人々なら、夜の街に立つコロンビア人女性を目にした記憶はあるだろう。だが、みながみな娼婦になることを前提に海を渡ってきたわけではない。彼女のように不本意な形で売春を強いられていた者たちも少なくなかったのだ。

そもそもなぜ日本の性風俗産業にコロンビア人女性が急激に増えたのだろう。それは母国の悪化した治安と経済の低迷が大きく影響している。

この頃のコロンビアは、政府軍と、それに対抗する反政府武装組織FARC、そして双方に食い込んで膨大な利益を貪っていた麻薬カルテルが三つ巴《どもえ》の争いをくり広げており、世界でもっとも治安の悪い国として名をはせていた。

実際に、1990〜2000年代初頭にかけて、コロンビアで起きていた殺人事件の発生件数は世界でワースト1位の常連で、3位以下になったことはないほどだ。街頭には拳銃や自動小銃を手にしたギャングが跋扈《ばっこ》し、地方では政府軍とFARCが泥沼の内戦をしていた。町中であっても銃声や爆発音が鳴り響くのは日常茶飯事で、住民であろうと町を自由に歩くことすらできなかった。

そんな国のスラムで生まれ育ち、学校にも行けなかった人々には、安定した収入を得る仕事などないに等しかった。地道に働いたところで、先の女性のように金品を強奪されるのが関の山で、運が悪ければ強盗に襲われて射殺された。こうなると、安定した生活を求めるのならば、国を離れて海外で働くしかなかった。

経済大国だった日本は、コロンビア人にとっても憧れの出稼ぎ先だった。だが、渡航費用が高額なだけでなく、手に職のない生活困窮者が日本での就労ビザを取得するのは夢のまた夢だった。ブローカーたちは、そこに付け入り、多くの女性たちを騙して日本の夜の街へと送り込んでいたのである。

人身売買の被害に遭ったコロンビア人女性はどれくらいいたのか。『平成16年 警察白書』(警察庁)によれば、2003年に日本国内で国際的な人身取引事犯で保護された女性のうちもっとも多かったのがコロンビア人だ。保護された女性全体(83人)のうちの半数に当たる43人がコロンビア人であり、2位のタイ人(21人)の倍以上となっている。

また、同白書には、次のように記されている。

「2月、各地の入国管理局と合同で全国24箇所のストリップ劇場の一斉摘発を実施し、劇場関係者ら15人を入管法(不法就労助長)違反、公然わいせつ等の罪で逮捕・収容するとともに、ストリップ嬢等として稼働していたコロンビア人女性ら68人を保護した。被害女性の中には、500万円以上の借金を背負わされ、劇場のステージや個室での売春を強要される者もいた」

警察が摘発した24のストリップ劇場だけで68人という数である。コロンビア人女性が主に売春をしていたのは、街頭、風俗店、多国籍パブだったため、おそらくこの数の何倍、いや何十倍の数の女性が日本で体を売っていたはずだ。

本章で見ていくのは、こうした女性たちが日本で産んだ2世である。日本で春をひさいだコロンビア人女性が産み落とした子どもは、何を目にして、どのように育っていったのか。

ここでは一人の男性の半生を深く掘り下げていきたい。

〝裏〟の総合格闘技

2024年3月17日の日曜日、千葉県君津市にある巨大な廃墟ビル「AQUASTUDIO」では、地下格闘技大会「Number1」が開催されていた。

会場の中央に置かれたリングのマットやロープは血と体液で赤褐色に染まっている。観客席は首まで刺青の入った半グレ風の人間たちで埋め尽くされ、彼らはウイスキーをラッパ飲みしながら荒々しく声を上げる。場内にはアルコール、汗、血、香水などが混ざり合った臭気が熱気と共に充満している。

この日は、正午から夜まで一つの会場で36の試合が組まれていた。試合ごとに入場曲が大音量で流れ、筋骨隆々の選手がセコンドの仲間たちを引き連れて登場する。観客席からは「殺せ!」や「目ん玉むしってやれ!」といった怒声にも似た声が飛び交い、あちらこちらで小競り合いが起こる。

総合格闘技にも〝表〟と〝裏〟がある。日本で表に位置づけられる「RIZIN FF」「パンクラス」「修斗」といった総合格闘技団体はスポーツ性が高く、有名企業がスポンサーについている。一方で、裏とされる地下格闘技は、暴走族、ギャング、半グレといったアウトローたちが腕力を誇示する大会であり、暴力性がスポーツ性を圧倒的に上回る。

試合は2分2ラウンドのルールをメインに行われ、ゴングの音と同時に、選手はストリート・ファイトさながらに相手に飛びかかり、そのまま拳で顔面を乱打したり、側頭部を蹴り上げたりする。肉と肉がぶつかり合う音が響き、血しぶきがリングサイドに飛び散ると、観客のボルテージが一気に上がって声援が沸き起こる。試合が終わった後、判定に納得がいかないセコンドが相手セコンドと乱闘を起こすのも日常茶飯事だ。

この会場の観客席の片隅に、一人の外国人風の容姿の男がいた。コロンビア国籍のネルソンだ。10代の半ばで指定暴力団住吉会の組員の舎弟になり、地元の千葉県成田市で暴走族の総長をして約50人のメンバーを率いていた。少年院には2度入っており、逮捕歴は数知れない。34歳になった彼は、自分で事業を起こす傍ら、地下格闘技の選手や格闘家のスポンサーとしても活躍している。この日は、知人が出場していたため、観客席で見守っていたのである。

午前中に行われた私の取材の中で、ネルソンはこう言っていた。

「俺の人生が、日本に暮らすコロンビア人2世の人生を象徴するようなものかどうかはわからない。でも、同じ南米の出身でも、コロンビア人はブラジル人やペルー人なんかとは全然違うものを背負って生きてきたという意識はある。地下格闘技の世界にたどり着いたのも、そのことが大きいよ」

私が聞いた彼の半生には、たしかに海外で体を売って生きる女性の子どもとしての運命が凝縮されていた――。

メデジンの殺し屋の子として生まれて

1989年、コロンビア第二の都市メデジンの貧民街で、ネルソンは生を享けた。

この時代のメデジンは、パブロ・エスコバルが率いるメデジンカルテルが拠点を置いていた悪名高い都市だった。

パブロは、世界的に〝麻薬王〟として知られ、数えきれないほどの小説、映画、ドキュメンタリー、ノンフィクションの主人公となった伝説的な麻薬カルテルのボスだ。1970年代に自らが育ったメデジンでカルテルを結成すると、国内に巨大なコカイン工場をいくつも設立し、それをアメリカへ密輸することで、純資産だけで300億ドルに上るとされる巨万の富を手にしたのである。

彼はあり余る金で貧困層向けに住宅、学校、競技場などを建てて大衆の支持を得ると、政治家にまで成り上がった。だが、コカインの密輸先となっているアメリカの政府が、パブロの悪行を放置しつづけるわけもなかった。彼らはコロンビア政府に圧力をかけ、パブロの身柄を拘束させようとする。パブロ側はそれに対抗すべく、敵と見なした権力者を次々に抹殺し、大統領候補暗殺のために１００人以上の民間人を巻き込んだ航空機の爆破事件まで起こす。

１９８０年代のコロンビアは、まさにパブロを頭領とするカルテルによって政治から経済までかき乱されていた。そのため、メデジンのスラムで育った若者たちがまともな夢を抱くことは難しく、目先の快楽や金を求めて次々とカルテルに身を投じていた。

メデジンでも特に貧しい地区で生まれたネルソンの母親も同じだった。若い頃から地元のギャングに囲まれて育ち、思春期になれば彼らとの親交を深め、その価値観に染まっていった。そして17歳で未婚のまま長女を出産。翌年には別の男との間に長男を産んだ。これがネルソンだった。母親がネルソンの父親と結婚しなかったのには理由があった。この父親は、メデジンカルテルに属する殺し屋だったのだ。その頃のコロンビアには殺し屋を生業とする男が大勢おり、日本円にして数千円から数万円で殺害を請け負う者もいた。ネルソンの父親はそのような人間の一人だった。

母親の懸念はそこにあった。殺し屋は誰かの命を奪う一方で、常に恨みを持った人間から狙われる宿命にある。そんな男と結婚すれば、自分や子どもたちまでターゲットにされかねない。そこで彼女は彼と距離を置き、10代のシングルマザーとして長女とネルソンを育てることにした。

彼女が日本への出稼ぎを決意したのは、ネルソンが２歳の時だった。メデジンでいくら働いても生活苦から抜け出せる見込みはなかったし、社会状況が大きく改善するとは思えなかった。そこで彼女はカルテルの知人の伝手をたどり、日本へ女性を送り出しているブローカーに会い、直に出稼ぎに行きたいと訴えた。

この時点で、彼女が日本でする仕事がいかがわしいものであることを把握していたかどうかは不明だ。ただ、カルテルと深くかかわっていたのなら、それなりの情報はあったはずだし、すでにメデジンで売春や水商売をしており、どうせやるなら日本の方が稼げると割り切って日本行きを決めた可能性はある。彼女はブローカーから了解を取ると、2人の子どもをコロンビアの親戚に預けて単身で日本へ渡ることにした。

これがネルソンの受難の幕開けだった。親族はみな苦しい生活を強いられており、血のつながりはあるとはいえ、よその家の子を育てる余裕はなかった。そのため、すぐに姉弟は別々にされて親戚中をたらい回しにされただけでなく、食事を与えられなかったり、激しいいじめを受けたりしたのだ。

やがてネルソンは児童養護施設に送られたが、そこで待っていたのは職員や年上の子による虐待だった。職員はまともに給料をもらっていなかったし、子どもたちは劣悪な家庭環境で手に負えないほど性格がゆがんでいた。そんな彼らが毎日のように小さなネルソンに鬱憤をぶつけるように暴力を振るったのだ。

児童養護施設だけで3回も移動させられたが、どこへ行ってもネルソンには頼れる人がいなかった。母親は日本へ行ったきりほとんど連絡をくれなかったし、親戚が相談に乗ってくれるわけでもない。彼はたった一人、行く先々で差別やいじめに耐えるしかなかった。

このような生活が大きく変わるのは、10歳の時だった。珍しく祖父がやってきてこう言ったのである。

「日本に行ったおまえの母さんから連絡があった。今は日本人の男性と結婚して暮らしているらしい。母さんは、おまえのことを引き取る余裕ができたから、日本へ来るかと言っているが、どうする?」

後に聞いた話によれば、母親は千葉県成田市並木町の繁華街にある多国籍パブで働いていたそうだ。ホステスの仕事だけだったのか、売春までしていたのかは不明だが、彼女はそこに客として来ていた10歳上の建設会社の社長と交際するようになった。そして日本で結婚することになったタイミングで、コロンビアに置いてきたネルソンを呼ぶことにしたらしい。

最初に祖父から話を聞いた時、ネルソンは日本がどこにあり、どういう国なのかも知らなかった。だが、施設をたらい回しにされながら虐待を受けつづけるよりはマシだろうと考え、「日本のお母さんのところへ行く」と即答した。

独りぼっちのコロンビア人

1999年、ネルソンは祖父に伴われて飛行機で成田国際空港に降り立った。迎えに来た母親は、再会を喜んでネルソンを強く抱きしめた。ネルソンはそのぬくもりを感じながら、母親の服にしみついた日本の香りから異国に来たことを思い知らされた。

車に乗せられ、ネルソンは成田市と隣接する富里《とみさと》市にある自宅へと連れて行かれた。家には母親と日本人の継父の他に、3歳の男の子がいた。母親と継父の間に生まれた子だという。この日から母親、継父、ネルソン、異父弟との4人での生活がはじまった（長女である姉は3年後に来日）。

日本では地元の公立小学校に編入したが、ネルソンはまったく日本語がわからなかった。学校の先生にもスペイン語を話せる者はいない。そんな彼に、日本語や礼儀作法を叩き込んだのが継父だった。

鹿児島県出身の継父は、絵に描いたような九州男児だった。建設会社の社長として若い従業員を束ねているからか常に高圧的な物言いをし、頭に血が上れば言葉より先に手が出た。自分のやり方や考え方がすべて正しいと思い込んでおり、他人の言葉に耳を貸そうとはしなかった。

継父は家の中でスペイン語の使用を禁じ、母親との会話ですら日本語を強制した。毎日、大量の日本語の課題を与え、それをすべて覚えるまで眠るのを許さなかった。礼儀作法にも厳しく、挨拶や箸の使い方を正すだけでなく、食事の際に茶碗に米粒を一つ残しただけで鉄拳が飛んできたという。

日本のことをまったく知らないネルソンにとっては苦痛だったが、来日した以上、もはや逃げ道はなかった。ただし、毎晩のように継父に怒鳴られ、殴られながら勉強をした甲斐あって、わずか1年で日常会話はできるようになった。

これほど早く日本語が上達したのは、学校や地域にスペイン語を話す外国人がいなかったことも大きかった。千葉県といっても、富里市は林や畑が広がる田舎町であり、東海地方の工場の城下町とは違い、日系人どころか、外国にルーツを持つ人がほとんどいなかったのだ。

このような環境は、ネルソンの日本への順応を早めた一方で、他の子どもたちの外国人差別を助長した。子どもたちはネルソンに罵声を浴びせ、時には取り囲んでリンチをした。彼らの親の中には、母親がコロンビア人であることを知り、よからぬ噂を広める者もいたらしい。

ネルソンは言う。

「日本に来ていじめがはじまった時は、コロンビアと同じじゃんと思いましたね。ここでもまた殴られなきゃいけないのかって。いや、周りがみんな日本人で、俺だけがコロンビア人だったぶん、精神的には余計につらかったかもしれない。

いじめのことは家族には相談できなかったっすよ。親父（継父）に言ったら『てめえで何とかしろ』とぶん殴られるに決まってたし、母親は子どものことなんか放っておいて好き勝手して生きている感じでしたから。

母親の性格ですか。もうハチャメチャな人でした。昼間っから酒を飲んで親父としょっちゅう喧嘩していたし、俺のこともボコボコにしてくる。かと思ったら、いきなり外国に出かけていって豊胸手術したり。とにかくまともな話ができる人じゃなかった。

たぶん、コロンビアにいた時からぶっ飛んでいて、日本でもそうだったんでしょうね。親父もひどいですけど、よくあんな女性と結婚したなって思いますよ」

母国ではカルテルのメンバーと付き合って17歳で未婚で姉を産み、翌年には殺し屋との間にネルソンを出産しているのだから、たしかに一筋縄でいくようなタイプではなかったのだろう。

そんなある日、状況が一変する出来事が起きた。同級生たちからいじめられている中で、ネルソンがそのうちの一人と取っ組み合いになって、無我夢中で返り討ちにしてしまったのだ。ネルソンは、自分のしでかしたことを後悔した。日本人みんなが力を合わせて報復してくると思ったのだ。

しかし翌日、学校へ行くと予想していなかった光景が広がる。昨日までいじめをしてきた子どもたちが、突然ネルソンの顔色をうかがい、へつらうような態度をとるようになった。喧嘩に勝ったことで、立場が逆転したのである。

——腕力で相手をねじ伏せれば、差別をはね返すことができる。

この一件はネルソンにそのことを強く教えてくれた。そしてネルソンは、自分を見下してきた同級生たちを暴力で屈服させていくようになるのである。

暴力が人生を切り開く武器に

地元の公立中学に進学する頃、ネルソンは腕力を武器にガキ大将にのし上がっていた。日本人より体格が良かったのもあったのだろう、素手の喧嘩で彼に勝てる者はいなかった。

中学は市内でも有名な荒れた学校で、いくつもの不良グループが跋扈していた。廊下や教室では髪を金色に染めた先輩たちが煙草を吸い、凶器を持って教師を威嚇《いかく》する。白昼堂々と校庭でバイクを走らせ、警察が駆けつけることもしばしばだった。

不良の先輩たちは、ネルソンに自分たちと同じにおいを感じたのか、差別することなく迎え入れた。不良同士の集まりに連れて行ったり、ゲームセンターで遊ばせたり、髪の染め方や眉毛の剃《そ》り方を教えた。そうした中で、ネルソンは万引き、バイクの運転、煙草といった非行を覚えていく。

彼はこの時の心境をこう語る。

「中学に入って、不良の先輩たちと付き合うようになった時は、小学校と違って差別がなくて驚きました。みんな普通に仲良くしてくれた。不良の世界って差別がないんだって思ったら、気持ちが楽になりました。

でも、別の中学の奴らは違った。あいつらは俺のことを『変なガイジンがいる』みたいな目で見てきた。悪口を言ってくるような奴もいました。だけど、俺がそいつらをブチのめしたら、二度とそんなことは言わなくなった。シメた瞬間、俺のパシリになるわけですから。

だから俺はとにかく喧嘩をしようと思っていました。市内の全部の学校の不良をシメれば俺を認めるだろうという考えだった。それが日本で生きていく道だと本気で思っていた。なので中学時代は喧嘩をしていた記憶しかありません」

さらにネルソンはこうもつづける。

「もう一つ、俺が喧嘩ばかりするようになったのは、小さな頃から抱えてきた鬱憤を晴らすという目的もあったと思います。コロンビアにいた時、いろんな親戚や施設に回され、そこですげえ嫌な目に遭ったじゃないですか。それで人生なんて何も面白いことねえみたいに思っていた時に、母親に呼ばれて日本に来た。すると今度は家で虐待され、学校でもいじめられた。たぶん、中学になってグレてから、そのモヤモヤを暴力で発散していたんじゃないかな。だからもう無茶苦茶でした。常に怒り狂っているような感じで、目の前にいる奴は友達以外全員気に食わないみたいな感じで襲いかかっていました」

中学1年が終わる頃には、ネルソンはもはや誰の手にも負えない凶漢になっていた。盗難バイクにまたがって登校しては、窓ガラスから机まであらゆるものを破壊し、注意をしてきた教員に殴りかかっていく。先輩から借りた車で学校に乗りつけたこともあった。

教員たちはネルソンへの対応に苦慮し、警察に通報して対応を任せることにした。警察もネルソンの粗暴さを把握していたことから、身柄を押さえて児童相談所へ引き渡した。非行事案で家庭裁判所に送るのでなく児童相談所へ託したのは、原因が家庭環境にあると判断したからだろう。

児童相談所はネルソンを一時保護所へ送り、家庭や学校から引き離した。だが、ネルソンはそこでも暴行事件を起こす。施設にいた高校1年の少女と親しくなり、施設内で性行為をしたところ、別の少年がそのことを職員に告げ口した。ネルソンはそのことに激怒し、告げ口をした少年が意識を失いかけるまで殴りつづけたのである。

この一件で、ネルソンは家庭裁判所へ送られ、少年鑑別所へ収容されることが決まった。なんとか少年院送致は免れたものの、保護観察処分を受けて自宅にもどされることになった。一定の遵守事項を守りながら更生を目指す処分だが、再び同じような事件を起こせば次こそ少年院送りになる。

ネルソンは保護観察処分の意味を知っていたが、荒れた感情を抑えることはできなかった。少年鑑別所から自宅に帰ってすぐ、友達が遊ぶ約束を破ったというだけの理由で、ネルソンは彼の顔面を乱打し、眼球が飛び出すほどの大怪我を負わせた。ネルソンはこれによって群馬県にある赤城《あかぎ》少年院に送致されることが決まった。

16歳で暴力団組員の舎弟に

少年院を出院したのは、1年後の中学3年の3学期だった。両親が身元引受人になっていたため、居住先は富里市の自宅になった。

だが、受け入れに当たって、コロンビア人の母親は非行の限りを尽くす息子を見放し、家で面倒を見るのは嫌だと突き放した。長女や弟への影響を懸念しただけでなく、自分の在留資格にまで影響が及ぶのではないかと心配したらしい。ただし、継父にしてみれば、引き取ったにもかかわらず追い出せば、虐待行為と見なされかねない。そこで、彼はネルソンを自宅ではなく、自身が経営する会社の寮に住まわせることにした。

会社の寮にはフィリピン人の出稼ぎ労働者が2人暮らしていた。ネルソンはそのフィリピン人たちと寝食を共にしながら、中学校に通うことになったが、彼らとうまく関係性を築くことができなかった。2人とも日本語がほとんど話せず、文化もまったく違ったため、毎日何十回となく些細な行き違いでぶつかったのだ。

そんなある日、継父がやってきて言った。

「中学を卒業したら高校へは行かず、和食の料理人になれ。おまえ、小学校の時に絵が上手だっただろ。絵がうまい奴は、手先が器用だから料理もできるはずだ。わかったな」

このままでは中学卒業後もネルソンが非行をくり返して、家族に迷惑をかけるだろう。そうなるくらいなら、和食レストランの板前の道に進ませることで、体《てい》よく追い出したかったのだ。

だが、ネルソンは料理にまったく興味がなかった。

「なんで俺が料理人にならなきゃいけねえんだよ。そもそも絵と料理なんて関係ねえじゃねえか」

継父は逆上した。

「父親の言うことを聞けねえのか！　嫌だって言うなら今すぐ、寮から出て行って自分で生きていけ！　俺はおまえの面倒を見る義理はねえんだ！」

「わかったよ。こんなクソみたいなところ、俺の方から出て行ってやる！」

売り言葉に買い言葉で、ネルソンは寮を飛び出した。

最初こそ威勢は良かったものの、まだ中学3年のネルソンにはアパートを借りるどころか、親の同意なしではアルバイトをすることすらできなかった。彼が相談したのは、すでに中学を卒業していた不良の先輩だった。

住む場所と仕事を探していると伝えたところ、先輩から紹介されたのが、千葉県佐倉市にある水道工事会社だった。社長に会ったところ、しっかり働くなら中学生であっても親の同意なしで寮に住まわせて働かせてくれると言われた。

この水道工事会社に入ってみると、社長の対応は予想以上にひどいものだった。ネルソンに家具もない格安のアパートを寮としてあてがうと、日給3000円という不当な低賃金で働かせたのだ。どんな条件でも断れないことを見透かしていたのだ。日常の業務の上でもネルソンに与えられたのは一番の汚れ仕事だった。真夜中に叩き起こされて駆けつけなければならない水道管破裂の工事や、糞尿が飛び散っている下水管の修理といった作業である。

ネルソンは昼夜の区別なく命じられる重労働を愚痴一つ漏らさずに行わなければならなかった。いくら中学で不良として鳴らしたと言っても、社長はヤクザまがいの人間だったし、取り巻きの社員も気性の荒い者たちばかりで反抗するのは現実的ではなかった。また、逃げ出したところで、他に雇ってくれる会社を一から探すのは困難だ。

ネルソンは電気代やガス代を節約するために、夜は蠟燭《ろうそく》を灯し、真冬でも冷たい水で作業着を手洗いし、濡れたタオルで下水と汗で汚れた体を拭いてすごした。

彼は回想する。

「今思えばホームレスになっていた方がよかったくらいの生活でした。毎日の食事は食パン一切れで、部屋に布団がないので、寒い時期でもタオルにくるまって床の上で寝ていました。手なんかあかぎれでボロボロだった。電気代やガス代を節約するために、夜は蠟燭を明かりにしていた。シャワーも使わず、タオルで体を拭くだけです。

そんな生活をしていたんで、体も服も相当臭かったんでしょうね。現場の先輩たちからは『ガイジン、臭《くせ》えんだよ』なんてずっと文句を言われていました。臭いのはわかっていましたが、どうにもできなかったので本当に応えた。

社長や先輩に逆らうことはしませんでした。やっぱりクビになって寝場所がなくなることが怖かった。なので、徐々に生活に慣れてきてから、少しずつ外でワルをすることにしたんです」

職場では社長や先輩の言いなりになって従順に働く一方で、仕事が終わって解放されれば、外へ出かけて行って喧嘩三昧の日々を送った。この頃、カラーギャングといって、同じ色の服を着た不良グループがよくたむろしていた。それを見つけては因縁をつけて仕事の鬱憤を晴らすかのように殴りつけるのだ。そうやっているうちに一人またひとりと配下につく者が現れ、いつしか十数人の不良グループを率いるようになっていた。

ネルソンがグループのメンバーとよくやっていたのが窃盗だった。仲間数人とスーパーへ行き、買い物カゴに食べ物や衣服を詰められるだけ詰めて、一斉に店外へ駆け出して逃げるのだ。いきがってやっていたわけではなく、生活があまりに苦しかったので、こうやって日用品を調達しなければならなかったのである。

水道工事会社に勤めて1年が経った頃、ネルソンはメンバーの一人からこう言われる。

「俺、兄貴分の山岡厚也さんって人がいるんだ。今この人の下で働いているから紹介するよ」

厚也は、指定暴力団・住吉会の組員だった。現在は離脱しているが、当時は20代半ばで、千葉県内でキャバクラや居酒屋の経営といった正業をする傍ら、ホストクラブのケツモチや偽広告の営業といった裏の仕事も手掛けていた。

ネルソンは現役の暴力団組員がどのような人間なのか知りたいと思い、メンバーに誘われるままに厚也と会ったところ思わぬ衝撃を受けた。暴力団組員といえば横柄で人を威嚇するようなイメージだったのだが、厚也は物腰が柔らかく、事業家のようなスマートな考えの持ち主だった。加えて気前が良く、話が上手だった。ネルソンは初めて、この人のようになりたい、と憧れを抱いた。

厚也もネルソンを気に入ったのだろう、頻繁に連絡をしては夜の街に連れ出し、遊びを教えた。夜の街の住人たちの間では厚也の名前が通っており、歩いていればそこかしこから挨拶される。

ネルソンは彼と一緒にいるだけで自分が影響力のある存在になれたような気がした。

　ある日、厚也が言った。

「おまえ、俺の舎弟にならないか。一緒にビジネスをしよう」

　弟分にしてもらえるというだけで飛び上がりそうなほど嬉しかった。そしてこの日から、彼の下で働くことになる。

　厚也がネルソンに任せたのは、建設会社の従業員を束ねる仕事だった。彼は建設現場に作業員を派遣する仕事をしていた関係で、自ら建物の基礎工事をする会社を立ち上げ、複数の作業員を抱えていた。作業員はみなチンピラのような輩ばかりで、誰かが上から力で抑えつけなければ秩序を保つことができなかった。その重石のような役割をネルソンに担わせたのである。

　実際に、従業員たちは仕事中に殴り合いの喧嘩をしたり、物を盗んだりといった問題を起こした。ネルソンはその都度出て行って、彼らを恫喝し、仕事に向かわせた。

　会社の仕事に慣れてきた頃、ネルソンは厚也からこう言われた。

「おまえ、族をやるつもりはないか」

「族って暴走族のことですか」

「昔、ここらには成田愚連隊っていう族があったんだ。今は休止しているけど、おまえがそれを復活させるなら俺が全面的にバックアップする。どうだ?」

　暴力団が後輩に暴走族をやらせる理由は、一般的に大きく分けて二つある。一つが、暴走族のケツモチになることで集会時や盆暮れに金を吸い上げられるようになること。もう一つが、若い戦闘部隊を配下に置くことで、トラブルや抗争の時にすぐに人員を揃えられるようになることだ。

おそらく厚也がこの話を持ちかけたのは、ネルソンが不良グループを率いていたからだろう。このグループを丸ごと暴走族にすれば、いっぺんに二つの実利を得ることができる。ネルソンにしても、名門暴走族の看板を引き継ぐのはやぶさかではなかった。

ネルソンは答えた。

「やらせてください。俺がアタマをやります」

こうしてネルソンは厚也を後ろ盾にして成田愚連隊を復活させ、総長の座に就いた。16歳の時である。結成して間もなく、メンバーは50人くらいに膨れ上がった。中にはフィリピン人のハーフが一人いたが、他はみんな日本人だった。

ネルソンはメンバーを率いて千葉県一帯をバイクで回り、敵対する暴走族を次々と潰していった。抗争に勝てば、相手のバイクを奪って転売できるし、配下に置けば様々な名目で金を吸い上げられる。むろん、その一部は兄貴分の厚也に流れる。

この頃が、ネルソンがもっとも荒れていた時期だった。喧嘩に勝てば勝つほど、自分の権力が巨大化していく。そうすれば、自ずと人も金も集まってくる。その先に待っている破滅のことなど考えることもなかった。

17歳の時、ネルソンは2歳下の日本人の少女と付き合っていた。ギャル雑誌の読者モデルをしていた中学3年生だ。家庭環境が悪かったため、ネルソンが生活の面倒を見ているうちに交際がはじまったのだ。

ある日、その子からこう言われた。

「子どもができたみたい」

さすがのネルソンも相手が中学生だったためためらった。しかし、少女はこう言い張った。

「私、絶対にネルソンの子を産む！　許してくれなくても産むから！」

ここまで言われたことで、ネルソンも覚悟を決めた。生活の面倒は自分が見るし、ゆくゆくは結婚すると約束した。

数カ月後、少女は大きくなったお腹で中学校の卒業式に出て、それから間もなく子どもを出産した。だが、子どもの誕生から3カ月後、ネルソンは暴走族同士の抗争で相手に大怪我を負わせて逮捕される。家庭裁判所に送られたが、前回の少年院送致から更生の態度が見られないどころか、生活環境も悪化しているため、即座に2度目の少年院行きが決定した。

送致先は、東京の多摩少年院。これによって、若い男女の仲は引き裂かれた――。

起業の道へ

1年後、ネルソンは多摩少年院を出た。2度目の少年院からの出院だった。19歳になっていた。

地元の富里市にもどった時、ネルソンは初めて非行から足を洗う覚悟を決めていた。ネルソンほど不良の世界にどっぷりと浸かると、少年院へ入ってもなかなか更生しようとは考えない。一時的にそう思っても、昔の人間関係を絶ち切れなかったり、暴力で大金を稼げるうま味を忘れられなかったりして、結局離れられないことが多い。

しかし、ネルソンには何が何でも更生しなければならない事情があった。コロンビア国籍の彼は、来日に当たって定住者の在留資格が与えられており、これまでは3年ごとに更新をすればよかったのだが、10代で2度も少年院に入ったことから、1年ごとの更新に変更されたのだ。更新時に、入管によって日本滞在が不適切と見なされれば、コロンビアへ強制的に帰国させられることもありえる。

ネルソンは言う。

「俺にとって在留資格が更新できないというのは本当に怖いことなんです。日本で散々好き勝手してきたけど、コロンビアに帰って一から何かをやれって言われても無理ですよね。スペイン語もかなり忘れたし、友達もゼロ。それで何かをやろうとしても生きていけないですよ。その恐怖があったから、真面目にやらなければと思うようになったんです」

これは非行に走った2世の多くが直面することだ。ただ、ネルソンの場合は、母国での記憶があまりに過酷だったため、強制送還に対する恐怖心が人一倍大きかったのだろう。

ネルソンは完全にライフスタイルを変えた。朝8時から午後5時までは成田市にある総合病院で介護ヘルパーをし、午後6時から午後11時まではホテルに入っている中華レストランで皿洗いをした。

仕事は慣れないことばかりだった。患者のオムツ交換、入浴介助、散歩の付き添い、上司に怒られながらの皿洗い……。そこまでやっても、1カ月にもらえるのは生活していけるかどうかといった賃金だ。こうした何の味気もない淡々とした日常が一生つづくのかと思うと暗澹たる気持ちになった。

大半の人間はここで再び犯罪に手を染めるが、ネルソンにはたまたま思いがけない話が舞い込んできた。建設業をしている知人から連絡があり、こう言われたのだ。

「現場の作業員が足りないんだ。ネルソンの知り合いで、すぐに働ける人間がいたら紹介してくれないかな。それなりのお礼はするから」

建設現場の下請けの会社は、元請けの会社から決まった数の作業員を用意するように指示され、その分の人件費が支払われる。逆に言えば、下請けの会社は、その要求通りに作業員を集めなければならず、できなければ信用問題にかかわってくる。

ネルソンの頭に浮かんだのは、暴走族時代のメンバーだった。彼らのほとんどが、中卒や高校中退で建設現場での仕事の経験があった。ためしに連絡をしてみると、みんな「ネルソンの頼みなら」と言って応じてくれた。ネルソンは無事に頼まれた人数を紹介することができた。

後日、その知人はネルソンのもとへやってきて、力を貸してくれた感謝の印としてまとまった額の謝礼を渡した。それは介護や皿洗いの仕事で得られる数日分の金額だった。

ネルソンの脳裏に一つのアイディアが過《よぎ》った。自分自身で建設会社を経営してはどうだろうか。もともと建設会社を経営していた継父の仕事を間近で見ていたし、ネルソン自身も水道工事会社で働いたり、厚也の下で建設会社の作業員をまとめる役割を担ったりしていたので、仕事の内容や業界の仕組みはわかっていた。

暴走族を引退した今でも、かつての人脈を利用すれば、10～20人くらいの人間ならすぐにかき集めることができる。そうすれば自分も低賃金の仕事をしなくて済むし、仕事を探している後輩の役にも立つ。

20歳になってすぐ、ネルソンはこれまでの仕事をきっぱりと辞め、本格的に建設業をはじめた。最初は四次請け、五次請けとして建設会社と契約し、暴走族時代のメンバーを作業員として現場へ派遣する。人が足りなければネルソン自ら作業員として現場で働いた。

個人事業主としてスタートし、まだ信用もなかったため、取引先から一人当たり日当1万2000円をもらい、9000円を作業員に渡し、3000円を自分の収益にしていた。20人を派遣すれば、日に6万円の利益になる。

仕事を重ねるにつれて信頼関係ができて、取引先から得られる一人当たりの人件費は上がっていった。1万5000円になり、1万7000円になり、やがて2万円を超えた。そのぶん、従業員に払う額も増えるので、口コミで作業員も集まってくる。ネルソンは真面目に働くことのやりがいを肌身で感じるようになった。

時を同じくして、ネルソンは一人の日本人女性と交際をはじめた。少し前に、ギャル風の女性たちが地元の不良グループに絡まれているのに居合わせて助けたことがあった。後日、その女性の一人が家出をした際、ネルソンに助けを求めてきた。あやかという子だった。これがきっかけになり、ネルソンとあやかは付き合うようになったのだ。

交際から1年、あやかが言った。

「妊娠したみたい。どうしよう」

ビジネスも順調に成長しており、金銭的な余裕もあった。ネルソンは答えた。

「産むなら応援する。結婚しよう」

この時に悩んだのが、どちらの姓を選ぶかだった。一般的には女性が男性の姓を選ぶが、日本で暮らしていくなら日本人であるあやかの姓をネルソンが使った方が何かと便利だ。それでネルソンはあやかの姓を使うことにした。この年に長女が生まれ、その4年後には次女が誕生した。

その後も事業は順調に拡大し、ネルソンは27歳の時に事業を法人化して会社を立ち上げた。企業の看板を背負った方が、個人事業主でやるより取引先を増やしやすくなるためだ。社名にはあやかの姓を使用した。

更生は可能なのか

現在、ネルソンは富里市の広い土地に社屋を構え、約30人の従業員を抱えている。年商は2億円を超えているという。

最初は労働者の人材派遣事業が中心だったが、法人化した頃からこれとは別に新しい事業を持った方が有利だと考え、工事現場で使う足場の設置事業をスタートした。銀行から融資を受けて高価な足場材を大量に購入し、数台のトラックをリースし、首都圏を中心に工事現場の足場を組む作業を行っている。また、この事業で得た資金を元に、不動産業、リサイクル業、飲食業にも進出した。

現在のネルソンは社会的に成功した実業家だと言っていいだろう。高級マンションに暮らし、メルセデス・ベンツのSUV車を乗り回し、最初の子どもを産んだ女性、そして2人の子を産んだあやか（現在は離婚）の生活費や養育費だけでなく、彼女たちの飲食店経営を応援して費用を全面的に出資している。

ただし、一般的にイメージされる〝更生〟と、現実のそれは少し異なる。犯罪から足を洗って生きるとは、真っ白な生活をするのではなく、白でも黒でもない灰色の沼を何度もつまずきながら歩んでいくということなのだ。

それは具体的にどういうことなのか。ネルソンに尋ねてみた。

――事業を拡大するに当たって、暴走族時代の悪い人脈はどうしたんですか。

「これは難しいですね。兄貴分だった厚也さんは、その後ヤクザをやめてカタギになったので、そこらのしがらみは少なかったです。ただ、事業をやりはじめた時は、暴走族のメンバーが従業員だったので本当にいろいろありました。

メンバーが覚醒剤で逮捕されるとか、数千万円の借金をして買った足場材を盗んでバックレるとか、特殊詐欺で捕まるとか、もう数えようとしたらきりがないくらいです。何度裏切られたことか……。

ただ、今はそういう昔のメンバーはみんなうちを辞めたか、独立しています。友達としてはつながっていますが、一緒には働いていない。現在のうちの従業員は技能実習生など外国人がメインになっています」

――昔の悪い仲間のトラブルに巻き込まれることはありましたか。

「事業をはじめたばかりの頃はしょっちゅうでした。実は、20代の半ばくらいまで何度か逮捕されて、ニュースにもなっているんです。すべて罰金や不起訴で済んで懲役へは行ってませんが、ほとんどが部下や仲間のトラブルに巻き込まれてのことです。

ある仲間がヤクザと路上で揉めて車に連れ込んだところ一緒にいた俺まで監禁容疑で捕まるとか、デリヘル店で働いていた後輩が店とトラブルを起こして助けを求められたので仲裁に入ったら恐喝容疑で訴えられるとか……。

土建の仕事って、社会でうまく生きていけない人がやっている側面もあるじゃないですか。彼らを従業員として迎え入れたり、若い頃からの仲間として付き合っていたりすれば、嫌でも揉め事に巻き込まれるものなんです」

――その中でなぜ、あなたは経営者をつづけられたのですか。

「国籍がコロンビアってことがあるでしょうね。日本人でない以上、悪いことをしでかせばコロンビアへ帰されるかもしれないという恐怖がずっとあった。だから、どこかで自分にブレーキをかけなければならなかった。

あとは、会社の従業員や、まだ中高生の俺の子どもたちの人生を支えているってこともあります。技能実習生も大きな目的を持って日本に来ているし、うちの子どもたちも思春期で夢に向かって必死にがんばっている。そこで、俺が悪いことをして捕まったら、彼らの生活を台無しにしてしまう。それだけは絶対に避けなければならないと思って、何があっても我慢するようにしています」

――それでも足を引っ張ってくる人はいるのではないでしょうか。

「それはたくさんいますよ。昔のつながりでヤクザが危ないビジネスを持ちかけてくるとか、言いがかりをつけられるとかはしょっちゅうです。千葉県は住吉会の中核組織がありますし、九州の工藤會も進出してきていますので、元不良の俺がまったく無関係でいることは難しいです。先輩・後輩が半グレをやっていてつながっているので仕方がないんです。

ただ俺はもう犯罪をしないって決めてますし、彼らとの付き合いも必要最低限にしています。要は、気持ちの持ちようじゃないですか。もし俺が介護や皿洗いをしていた時のように失うものが何もなければ、単に金になればいいとか、格好がつけばいいといった気持ちで悪いことをしてしまうと思うんです。でも、今はそうではない。大切なものを持っているから、やっていいこといけないことの区別をつけられるのだと思います」

——昔のような暴力性は完全に消すことができるのでしょうか。

「俺がグレたのは差別されたくないという思いからだったし、それで俺なりに自分自身を築けたと思っています。だから、不良のマインドみたいなのは俺の中にまだあると思う。

でも、この年齢になってそれを実行するわけにはいかないですよね。だから、地下格闘技をやっているんです。会社をやりだして悪いことができなくなったことで、暴走族時代の仲間と格闘技の団体を立ち上げた。リングの上だけど、昔みたいにみんなでワイワイやりながら、殴り合って勝つというのが最高に気持ちよかった。

実は会社の土地にプレハブを建てて、そこをジムにしているんです。最近は忙しくてちょっとサボっていますが、一時は毎朝5時起きでトレーニングしてましたから。仕事の休み時間もずっとトレーニングです。やっぱり強い人間に憧れる。この思いはガキの時から変わらないですね」

——地下格闘技仲間の人たちも同じような気持ちなのですか。

「地下格闘技やっているのって、大体ワルやってた人じゃないですか。そういう人たちが全国から集まって喧嘩自慢しているのが地下格闘技ですよ。その点では、地下格闘技の世界を必要としている人は結構いると思います。

真剣にやっていると、新しい仲間もたくさんできるようになりますよ。大会には、いろんな団体の人が参加するので、そこで知り合って交流するようになるんです。マインドが同じなんで、プライベートでも付き合うようになる。この前も、愛知県の有名な団体のメンバーが何十人も、俺が経営しているカラオケバーに遊びに来て、どんちゃん騒ぎしていました」

——これからの目標はあるのでしょうか。

「今はまだ事業をちゃんとつづけていくことが一番ですね。事業で言えば、若い日本人は肉体労働をしたがらず、雇うのが現実的に難しくなっているので、今後はこれまで以上に外国人を雇用していかなければならなくなりつつあります。先日も、ベトナムへ渡って、実習生を呼び込む新規のルートを開拓したばかりです。

うちで働く外国人は、俺が所有している不動産に国籍ごとに住まわせています。そこでちゃんと日本の生活の仕方を教えなきゃならないし、トラブルが起きたら解決してあげなきゃならない。

外国人を取り巻く罠ってたくさんあるんです。先日も、ベトナム人の従業員が、ＳＮＳで知り合ったヤクザみたいなベトナム人が開いている闇賭博で、２００万円以上も負けてしまったんです。たぶん、いかさまもあったんじゃないかな。

もちろん、ベトナム人にその金を払うことはできません。そしたら闇賭博のボスが俺のところに電話してきて『おまえが金を出さなきゃ、こいつ（ベトナム人従業員）だけじゃなく、こいつの家族もみんな殺すぞ』と脅してきやがった。乗り込んでシメてやろうかと思いましたが、それをやったら俺まで捕まるかもしれない。仕方なく、俺が全額立て替えることにしました。

建設関係の仕事をしていると、どうしてもこういうことが付いて回るんです。油断をしたらすぐに足をすくわれる。だから、一日一日、真面目に取り組んでやっていくしかないと思います」

ネルソンには、少年時代に腕力によって差別をはねのけ、アイデンティティを確立して生きてきたという自負がある。だからこそ、非行をしていた過去を完全に否定するのではなく、経営者となった今も、そのマインドを地下格闘技の世界で保ちながら、正業とのバランスをとって生きているのかもしれない。おそらく道を外れた外国人にとっての更生とは、白と黒のバランスを取りながら生きていくことなのだろう。

第四章　日本鬼子《リーベングイズ》と呼ばれた男の生き様――中国

怒羅権とは何か

ここまで三章にわたって日系人（ブラジル人、ペルー人）、フィリピン人、コロンビア人の2世が背負った重い宿命について見てきた。

ただし、日本でもっとも有名な2世の反社会グループといえば、１９８０年代にその名を轟《とどろ》かせ、今もなお裏社会に君臨している「怒羅権《ドラゴン》」だろう。

怒羅権は、中国残留日本人（以下、残留日本人）の2世が結成したグループだ。残留日本人とは、太平洋戦争中に国の移民政策等で中国国内に暮らしていたものの、敗戦後の混乱で帰国できずに取り残された日本人のことである。

日本政府は長らく中国に残留日本人が存在することを認識していたが、国交が断絶していたため引き揚げのための交渉ができなかった。１９７２年にようやく国交正常化が実現すると、日本と中国の間で残留日本人の帰国についての話し合いが行われた。そして１９８０～１９９０年代にかけて両国間での帰国事業が大々的に行われ、残留日本人とその家族合わせて2万人強の人々が日本への永住帰国を果たしたのである。

日本で残留日本人を待ち受けていたのは、日本社会への適応の壁だった。彼らの大半は幼少期に終戦を迎えてから30年以上にわたって中国で暮らしていたため、日本の言葉も文化も忘れており、帰国したところで溶け込むのが容易ではなかった。

彼らに連れてこられた2世の子どもたちに至ってはそれが顕著だった。ほぼ中国人として育ってきた子どもたちが日本の学校に入ったところで、授業についていくことはもちろん、友達を作ることすら難しい。周りからは〝中国人〟と見なされ、差別される。そうした2世の一部が道を踏み外して不良となり、結成したのが怒羅権なのである。

怒羅権が特殊だったのは、メンバーが残留日本人2世だけで固められていたことだ。これまで日本に暮らす外国にルーツのある者たちが不良グループを作ったとしても、どこかの時点で日本人が多く参入したり、日本の反社会組織に吸収されたりするのが一般的だった。

たとえば、関西で1960年代に名をはせた柳川組は、在日韓国人が中心になって構成された反社会勢力である。だが、広域暴力団・山口組の傘下に入り、構成員には日本人も多数含むようになり、だんだんと日本への同化を進めていった。

その点、怒羅権は異なる。初期メンバーが2世ばかりだっただけでなく、マフィア化した後も基本的には一貫して2世、もしくは中国にルーツのある人間で固められている。そういう意味では、これまでの反社会組織とは一線を画す〝外国人ギャング〟の先駆的存在と言っていいだろう。

では、怒羅権はどのように生まれ、どのような組織だったのか。怒羅権の創設者である佐々木秀夫に2世というところに焦点を絞って話を聞いた。

残留日本人2世という宿命

東京都江戸川区の葛西と呼ばれる地域が、怒羅権の誕生の地である。

東京メトロ東西線の葛西駅を中心としたこの町は、東京23区の中では千葉県浦安市との都県境に位置する下町風情の漂う土地だ。かつては東京湾で漁業を営む人々が多く住んでいたが、戦後は水質汚染が深刻になり、埋立地による整備と共に巨大な団地やマンションが林立するようになった。

この町に中国から帰国した残留日本人が多く定住するようになったのは、1970年代以降のことだ。きっかけは、中国から帰国した者たちのための一時宿泊所「常盤寮」がこの地に設けられていたことが大きい。

当時の残留日本人は、帰国前に戸籍等を調べるなどして日本に暮らす家族や親戚を見つけて身元引受人になってもらい、帰国後は彼らの支援を受けながら日本に順応していった。

だが、中には身元引受人から十分な支援を受けられない者たちも少なくなかった。彼らは生活保護を受けて常盤寮に一時的に身を寄せ、そこで日本語や日本文化を学びながら、自立を目指さなければならなかった。それゆえ、葛西に住む残留日本人は社会への適応が困難な人の割合が高かったのである。

怒羅権の創設者の佐々木が日本に来たのは1981年、11歳の頃だった。残留日本人2世として河北省の家庭で生まれ育った彼は、日本語をまったく話せないまま帰日すると、地元の小学校に編入。その後、開設されて間もない日本語学級で、他の2世の子らと一から日本語を学ぶことになる。

「日本に来てショックだったのは、あらゆる人間に馬鹿にされたことだったね。中国にいた時、俺は周りの中国人から〝日本鬼子《リーベングイズ》〟と呼ばれて見下されていたんです。中国の中では憎きガイジンだった。だから、俺にしてみれば、日本に行けば差別を受けずに平等に扱ってもらえると思っていたんだけど、日本の小学校に入ったら、俺は中国から来たガイジンと見なされた。それで、今度は日本人の子どもたちから〝中国人〟として差別されることになったんです。

さらにショックだったのが、他の残留日本人2世からも不当な扱いを受けたことです。葛西の学校だったので、学校に同じような2世が何人もいたんです。でも、彼らは旧満州の東北3省（遼寧省、吉林省、黒竜江省）で育った奴らばかりで、俺だけそれより南西の河北省の出身だった。河北省って東北3省と比べるとなまりが強いんです。それで東北3省の奴らは、俺がしゃべる中国語がなまっていることを指摘し、田舎者だと言って馬鹿にしてきたんです。

俺にしてみれば、中国人からも、日本人からも、残留日本人2世からも馬鹿にされるって、一体どういうことだよって感じでした。それで頭に来て、学校では一切中国語をしゃべらないことに決めた。孤立することはわかっていたけど、せめてもの抵抗のつもりでした」

学校で中国語を話さなければ、必然的に日本語を覚えるしかない。佐々木は他の2世と異なり日本語能力を一気に伸ばした。

だが、日本人の子どもたちは、佐々木がどれだけ日本語が話せるようになっても受け入れようとはしなかった。この頃の中国は、今と比べると経済的にもはるかに遅れており、ベールに包まれた不可解な社会主義国家という偏見が根強かった。同級生たちは、そんな国から来た佐々木をどこまでも異物として見なして、のけものにしていたのである。

暴力の目覚め

初めて佐々木が日本人と衝突したのは、地元の公立中学校に進学して間もなくのことだった。日本人の生徒から喧嘩を売られ、学校の近くの公園に呼び出されたのである。

佐々木は単独で出向こうとしたが、同じ日本語学級にいた2世の仲間2人が事情を知って、自分たちもついていくと言いだした。普段から日本人に冷たくされていたため、同胞の佐々木を放っておけなかったのだろう。

公園へ3人で向かうと、日本人の子は4人で待ち伏せしていた。佐々木はボス格の子と一対一で喧嘩をすることになり、周囲の予想に反し、みんなの前で相手を拳で叩きのめした。日本人の子は、涙ながらに平謝りし、2世の仲間たちはそれを見て瞠目《どうもく》した。佐々木は初めて自分が認められた気持ちになった。

この一件によって、佐々木は暴力の威力をはっきりと認識する。腕力で叩きのめせば、自分をいじめる日本人をひれ伏せさせることができるし、2世の仲間たちからも敬われる。この日から佐々木にとって暴力は、日本人からの差別を跳ね返し、自分の地位を押し上げる武器となった。

佐々木はこの時の仲間の他に、日本語学級の2世を4人加えた7人でグループを作ることにする。どの家の親も低賃金の仕事を掛け持ちして忙しく、家族を顧みる余裕がなかった。子どもたちにしてみれば、そんな家から飛び出し、同じ境遇の者たちで昼夜を問わずつるんでいた方が寂しさを紛らわせることができたのだ。

メンバーは日本人相手に暴力を振るって自分たちの存在を誇示するだけでなく、経済的に恵まれなかったことから万引きや恐喝といった非行をくり返した。毎日のように江戸川区内の中学校へ押しかけては、そこの不良を叩きのめす。そんな彼らの悪名は区外にまで広まっていった。

佐々木らが自らのグループを「怒羅権」と称するようになったのは、高校へ進学した16歳の時だった。怒は「怒り」、羅は「修羅」、権は「権利」を示していた。ただ、佐々木自身は意図して2世だけのグループを作ったわけではないという。

「怒羅権を立ち上げたばかりの頃、メンバーに日本人は1人もいませんでした。でも、初めから

2世だけのグループを作ろうとしていたわけじゃなかったんです。日本人を恨んで入れなかったというより、俺以外のメンバーはほとんど日本語ができなかったので、日本人と仲良くなって一緒につるむという発想自体がなかったんです。

また、よく日本人への恨みから怒羅権を作ったっていわれるけど、それもちょっと違います。俺らは日本人と同じように、当時流行っていた漫画やドラマの影響を受けて、不良に憧れて不良を目指し、族に憧れて族を結成しただけなんです。けど、先の理由でグループには2世しかいなかったから、喧嘩をすれば必然的に日本人の不良や族と対立することになった。

日本人との喧嘩の時は、いつも俺が先頭になっていましたが、俺が他と比べて突出して腕力があったからじゃありません。喧嘩を売るにも、カツアゲをするにも、それなりに日本語がしゃべれなければならないじゃないですか。周りが話せないから、俺が先頭に立って相手にいちゃもんをつけたり、金を持ってこさせたりすることになる。それで、気がついたら俺がリーダー格になっていたっていう感じなんです」

在日韓国・朝鮮系2世の場合は、日本で生まれ育っているので、生まれつき日本文化に通じているし、日本語も堪能だ。だからこそ、自然と日本の暴走族に加わったり、日本の暴力団と盃を交わしたりするのだろう。

だが、怒羅権のメンバーは違った。彼らは中国を出生地とし、中国語を母語とする者たちだ。家の中にあるのも中国文化だ。それゆえ、彼らは道を外れた際に、日本人と融合することなく、

2世だけの集団を形成することになった。このあたりのプロセスは、近年の日系ブラジル人ギャングに似ていると言えるかもしれない。

ところで、彼らの親にあたる残留日本人1世が、日本で貧しい暮らしをする中で犯罪集団を形成することはあったのか。それについて、佐々木は私見を述べている。

「俺たちの親父の世代はひどく貧乏で余裕のない生活をしている人がほとんどだったんです。建前としては帰国後しばらくは支援を受けながらセンター（中国帰国者定着促進センター）で日本語を勉強して少しずつ順応し、自立していくことになっていた。

でも、現実にはみんな家族を養わなければならなかったり、周りからの目を気にしたりして、満足に言葉も話せないまま仕事をはじめていました。そうした仕事のほとんどが、単純作業で賃金の安いものです。だから、生活していくためには、二つも三つも仕事を掛け持ちして朝から深夜まで働かなければならなかった。

こんな生活ですから、親たちは日々生きていくだけで精一杯という感じでした。同じ残留日本人同士で集まって余暇を楽しむような時間もなければ、悪いことを考える時間すらなかった。ただただ奴隷のように働いて食費と家賃を稼ぐので精一杯。なので、犯罪で食っていた人がいたという話は聞いたことがありません」

1世にとって日本は長年帰国することを夢見ていた祖国であり、日本政府には中国政府と交渉してそれを実現してくれた恩義がある。それゆえ、どれだけ生活が苦しくても、その日本に恩を仇で返すように迷惑をかけるわけにはいかないという気持ちがあったのだろう。

だが、2世は違う。彼らは親の都合で生まれ育った中国から引き離され、日本で理不尽な差別を受けた。そんな彼らが日本人に反感を抱いて抵抗するのは必然なのかもしれない。

裏社会のマイノリティ

最初は喧嘩屋集団だった怒羅権は、メンバーが中学を卒業した頃から暴走族としての色を強めていった。深夜にバイクで暴走行為をし、別の暴走族と抗争を行い、恐喝などによって金品を手に入れる。

当時の東京には、葛西以外にも残留日本人が多く暮らす地域があり、それぞれ2世の不良グループがいた。東京中に怒羅権の名が轟くにつれ、そういう不良たちまでもが自らを怒羅権と名乗りはじめた。これによって、いつしか怒羅権は中国にルーツを持つ者たちの不良グループの総称となっていく。

佐々木が率いていた怒羅権の性質が大きく変わるのは、初期メンバーが成人してからだった。日本の不良文化の中では、暴走族として活動するのは18歳までで、それ以降は引退をして正業に就く道を進むか、暴力団などの反社会組織に加入するかの選択を迫られることになる。

だが、怒羅権のメンバーは日本語が不得意であるがゆえに正業に就きたくても就けず、かといって暴力団に入ったところで独特な縦社会の関係になじめるわけもなかった。そのため、彼らは成人した後も怒羅権のメンバーでつるみ、恐喝、車上荒らし、強盗といった犯罪をエスカレートさせるようになったのだ。暴走族から犯罪集団へと変容したのである。

「俺は正業もやったことがあるし、ヤクザもやったことがあるんです。正業は土建屋をやりました。自分で佐々秀工業という会社を作って、怒羅権の後輩たちを現場の仕事に送り出していたんです。俺も一緒になって現場で働いて汗水流してましたよ。

正業をはじめたのは、後輩たちが少しでも真っ当に生活できればとの純粋な思いからでした。残留日本人2世ってことでまともな仕事に就けないのなら、俺が働く場を用意すれば、苦労せずに済むだろうと思って立ち上げたんです。取引先に贈り物をして地道に信頼関係を作るなど、結構まめにやっていました。

正業の邪魔をしたのは、日本の警察でした。あの頃は東京のいろんなところで怒羅権を名乗るグループができたり、後輩たちが暴れたりしていて怒羅権の凶悪性が社会で大きな問題となっていた。警察はその取り締まりのために初代である俺をターゲットにし、何だかんだいちゃもんをつけて、正業の方にまで茶々を入れてきたんです。

俺が逮捕されたのもクソみたいな罪状でした。年少者である従業員を深夜まで働かせていたということで『労基法違反』で捕まった。こんなの中小企業や個人事業主ならどこもやっているようなことでしょ。この一件があって、俺は正業をちゃんとやることが無意味なんだと知ってやめることにしたんです」

暴力団については次のように語る。

「ヤクザの方は、20歳の頃に稲川会に招かれて入ったことがありました。たった数カ月でしたが、ヤクザをやってみて怒羅権のメンバーがこれをつづけるのは無理だなと感じましたね。

ヤクザは組織の序列が細かく決まっていて、どんなに不条理なことでも上の人間に言われれば絶対服従です。シノギに関しても、他の組織とバッティングした時は相手のネームバリューや縄張りみたいなものを尊重しなければならない。ヤクザとしての文化や格を重んじる風潮があるんです。

一方、中国で生まれ育った俺らにはそういう意識がないんです。誰が相手でも気に入らなければぶっ潰して、どんな手段でも使う。金が手に入ることなら何でもする。最悪、それで指名手配を食らったら中国へ帰ればいい。そんなスタンスなんです。

日本人ならずっと日本で暮らしていかなければならないので、多少煩わしいことがあったとしても、ヤクザの流儀を守って生きていくでしょうが、俺らはそうじゃない。根本的に相容《あいい》れない存在なんですよ。ヤクザをさっさとやめて、怒羅権として生きていくことにしたのはそのためです」

正業をしようと思えば、警察からは怒羅権ということで邪魔をされ、暴力団に入ろうにも文化的に馴染むことができない。そういう中途半端な立ち位置が、怒羅権をより独特な存在にしていったのだろう。

中国犯罪グループの合流

怒羅権が、本格的にマフィア化していくのは、バブルの崩壊が起きた1990年代だった。きっかけは、中国犯罪グループからの接触だった。

日本では、1980年代から中国からの出稼ぎ労働者の数が少しずつ増加していた。この当時は経済格差が歴然としていたため、日本の建設業界などで数年働いて帰国すれば、故郷に豪邸を建て、会社を設立するくらいの大金を手に入れることができた。

その噂を耳にした中国の貧しい人たちは、日本へ出稼ぎに行くことを夢見るようになるが、就労ビザの取得は非常に難しかった。そこで彼らを言葉巧みに誘い、日本への密入国と不法就労を斡旋したのが「蛇頭《じやとう》」などの中国マフィアだ。

中国人たちは、中国マフィアの助けをえられれば、日本へ行くことができたが、問題はその際に背負うことになる借金だった。密航費は200万～400万円と高額で、親戚から金を借りたり、実家の土地を担保にしたりしなければならなかった。

しかし、バブル経済が崩壊すると、日本企業は不法就労の外国人労働者を雇わなくなったり、これまでのような高い報酬を払えなくなったりした。そのため、中国人出稼ぎ労働者たちは借金の返済が立ち行かなくなる。

このような中国人の中から一人またひとりと犯罪に走る人間が現れた。最初は万引きやひったたくりをしていたのが、だんだんと徒党を組んで犯罪をエスカレートさせていく。やがて彼らは文化や方言の違いから「上海グループ」「福建グループ」など出身地ごとにわかれていった。

日本のマスコミはこうしたグループを「中国人マフィア」と呼んでいたが、中国にある犯罪組織が日本に進出してきたわけではない。すでに見てきたように、本国では一般人として生きていた者たちが、日本に出稼ぎに来て金に困り、やむをえず出身地域ごとに集まって犯罪に走っていたのだ。それゆえ、彼らは日本で違法行為をするに当たって必要な、暴力装置としての後ろ盾を持っていなかった。

これは各グループにとっては致命的な弱点だった。日本社会で外国人がグループを結成して犯罪をしようとすれば、地元の暴力団から既得権益を荒らす敵と見なされて粛清されるか、脅されて利用されるかするだけだ。裏社会で自分たちの存在を認めさせ、堂々とシノギをするには、彼らと対等に渡り合える戦闘力を持たなければならない。

この時、中国の各グループが後ろ盾として目を付けたのが、首都圏に大きな力を持っていた怒羅権だったのである。

「俺が知り合ったばかりの頃、中国人犯罪グループには、戦闘力がほとんどありませんでした。彼らはさっさと金を稼いで中国に帰りたいのに、ヤクザにいいように扱われて、なかなかそれがうまくいかないといった感じ。結局、ヤクザに力で勝てなければ、チンケなシノギしかできないんですよ。

一方で、俺たち怒羅権は過去最大の力を持っていました。もう初代の俺ですらまったく把握できないほどに人数が膨らんでいて、俺ら幹部が声をかければ即座に数百人の〝兵隊〟が武器を持って集まるくらいだった。それに、みんな若くて向こう見ずだったので、相手がヤクザだろうと何だろうと、喧嘩を厭わない連中ばかりだった。

中国人のグループにしてみれば、こうした怒羅権の戦闘力は喉から手が出るほどほしかったはずです。怒羅権がバックにいれば、ヤクザから茶々を入れられず、自分たちがやりたいことをできる。それで彼らは俺たちと組むようになっていくのです」

山口組、住吉会、稲川会といった指定暴力団であっても、実態は数人〜数十人の組織の集合体だ。そのうちの一つの組織と衝突したとしても、よほど大きな組でない限り、集められる人の数は数十人、多くても100人強だろう。

一方、怒羅権は10代の血気盛んなメンバーが多く揃っており、一声で数百人単位の集合をかけることができた。そうなれば、暴力団とはいえ三次団体の中小規模の組織であれば力で圧倒できる。

こうしたことから、中国人犯罪グループは、裏社会で権力を握るために怒羅権に後ろ盾になってもらおうとした。金を払ってケツモチになってもらうか、自ら佐々木の舎弟になって怒羅権を自由に名乗れるようにするかしたのである。そうすれば、怒羅権の名を使って、裏社会で堂々とシノギをすることができる。むろん、怒羅権の側にしても、それに見合うだけの金が流れ込んでくることになる。

このようにして、怒羅権は中国人犯罪グループと合流することで、マフィア化していくのである。

怒羅権の人間関係

日本の裏社会で怒羅権の名が威光を放つようになるにつれ、これまで以上に全国各地で様々な人間が勝手に怒羅権を自称するようになった。自ら怒羅権と称するグループを新たに立ち上げたり、メンバーだと偽って人を脅したりしだしたのだ。

佐々木は怒羅権を名乗るグループが乱立しているという噂を聞いてはいたが、ある事情から抑え込むことができなかったという。それは怒羅権の特殊な人間関係によるところが大きい。

「怒羅権がヤクザと違うところを挙げるなら、上意下達の権力構造がないところなんです。ヤクザ組織はトップである組長から末端の組員まですべての序列が細かく決まっていて、命令が上から下りてきます。各々が盃を交わして、組織名簿もちゃんとある。いわば軍隊みたいに統制が取れているんです。

でも怒羅権はまったく違った。幹部と呼ばれるメンバーはいるんですが、それ以外の9割は上下関係がなくフラットなんです。常設グループがあるわけでもなく、シノギごとにグループを作って実行する。

たとえば、Aという人間が100キロのクスリを密輸するシノギをすることになったとします。するとAはこのシノギを、怒羅権のメンバーに呼びかけ、手を挙げたB、Cと一緒に行い、無事に成功したらその場で金を分配して解散します。そして次に新たなシノギが生まれれば、Aは改めて一から別の人間を集めて行う。今度はD、Eとやるといった具合です。しかも、彼らは偽名やあだ名を使っているので、それぞれの間に信頼関係はほとんどありません。

これは中国の文化に根差した怒羅権特有の人間関係ですね。創設メンバーで幼い頃からつながっていた幹部を除けば、メンバーに上下関係はまったくないし、お互いの素性すら知らないし、知ろうともしない。そうなると、俺にしたって側近の幹部については把握しているけど、それ以外のことについてはまったくわからないんです。誰が本当のメンバーで、そいつの名前が何なのか把握する術《すべ》がない。

こうなると、どこの誰ともつかないチンピラが怒羅権を名乗っても、俺らとしては『やめろ』とは言えません。だって、そいつが誰で、本当にメンバーなのかわからないんですから。そうこうしているうちに、どんどん怒羅権を名乗る人間が増えていって手に負えなくなっていったんです」

怒羅権を騙《かた》る中国人犯罪グループの中から、無思慮に凶悪事件を起こすような者たちも出てくるようになった。これによって、怒羅権に対する世間の恐怖心はさらに高まり、危機感を強めた警察が取り締まりをさらに厳しくする。

佐々木はこうした状況を危惧し、日本の暴力団のように怒羅権のメンバーを統制下に置こうと試みた。自らがトップに立ち、ピラミッド型の権力構造の組織にしようとしたのである。そうすれば、無駄なトラブルを回避することができる上に、着実に利益を吸い上げることが可能になる。

だが、この目論見は脆くも崩れ去る。これまで自由勝手に犯罪をして金を稼いできたメンバーにしてみれば、今さら利益の一部を上納しろと言われたところで納得するわけがない。

そもそも彼らは金を稼ぐだけ稼いで、さっさと中国に帰国したいと考えているのだ。日本に未練もなければ、怒羅権というグループに愛着があるわけでもない。結局、彼らは佐々木の呼びかけに従わず、一枚岩になることはなかった。

制御の利かなくなった犯罪集団

２０００年代になると、怒羅権と名乗る組織は小規模なものから大規模なものまで数えきれないほどになった。組織同士が協力関係を築いたり、離合集散をくり返したりしながら、それぞれ犯罪を行っていたのである。

怒羅権の中でも主流のものは四つあり、そのうちの一つを佐々木が率いていた。シノギは多岐にわたっており、風俗店や水商売の店から巻き上げる「みかじめ料」、クレジットカードの窃盗を目的とした「車上荒らし」、パチンコ店で不正に出玉を操作する「裏ロム」、密入国者を拉致《らち》して行う「身代金」、それに覚醒剤をはじめとした「違法ドラッグ」の密輸や販売などだった。

この頃の佐々木は、圧倒的な暴力を背景に様々な利権を握り、この世の春を謳歌していた。だが、怒羅権の知名度が高まるにつれ、警察からのマークも厳しくなり、ほとんど言い掛かりのような罪状で逮捕されては刑務所へ送られる日々でもあった。

こうしたことが怒羅権という組織に少しずつ亀裂を入れることになる。もともと幹部同士の関係は、佐々木による恐怖支配によって成り立っていた。佐々木が怖いからこそ、服従して行動を共にするのだ。だが、佐々木が懲役刑を受けて不在になれば、そうした緊張感が緩み、メンバーが離脱したり、別の派閥が生まれたりする。それが幾度となく起きたことで、結束にほころびが出はじめたのだ。

「現役の時の記憶は、外で暴れていたか、遊んでいたか、ムショに入っていたかの三つだけです。20代で最初の結婚をして家庭も持っていたんですが、長男が生まれた半年後には3年の懲役を食らっていたので、まともに赤ん坊の顔すら見ていません。もっともその懲役からもどっても、またすぐに別の件でムショに行きました。

最初の妻は中国人スナックを経営していた母親の下で育った女性で、俺と結婚してからは金を湯水のように浪費する男勝りな性格でした。金さえ入れていれば、俺のすることには何も言いませんでした。ムショにも息子を連れてよく面会に来てくれた。

ただ、俺は俺で妻と子のことをまったく顧みなかったので、出所してもずっと外で遊んでいて、また逮捕されればムショに行くみたいな感じでした。

妻はすげえ気が強いのでよくぶつかりましたよ。怒り狂った妻が警察に連絡して『夫がクスリをやっている』とチクったせいで、ムショにぶち込まれたこともあった。その間に怒羅権の人間関係も少しずつおかしくなっていった。怒羅権がうまくいかなくなったきっかけの一つとして彼女の存在があったのは事実です。

ワルをしている時って自分が捕まるとは思ってないんですよ。ずっと今がつづくと思っている。けど、逮捕され、何年か刑期を終えて刑務所から出てくると、組織の中での立ち位置が変わっていたり、知らないことが起きていたりする。そんなことをくり返していると、だんだん疲れてくるんですよね。それに、若い子たちとの世代というか、意識のギャップみたいなものも感じるようになりました」

佐々木が刑務所と社会を行き来している間に、日本の裏社会は大きく変化していた。

まず、中国が経済発展を遂げたことによって、貧しい人たちが一攫千金を夢見て日本に不法入国してまで働くことが少なくなっていた。また、犯罪に関しても、科学技術の進歩によってセキュリティーが厳しくなって、裏ロムのような犯罪が消え失せ、特殊詐欺のようなものへ変わっていった。

さらに佐々木が変化を感じたのが、若い世代の感覚だった。10~20代の若者は、残留日本人2世として来日した自分たちと比べると、犯罪に対する意識がまったく違っていた。

「俺の息子の世代は、日本で生まれ育っているので、俺ら怒羅権の初期メンバーとはぜんぜん違う感覚なんです。日本語も初めからペラペラだし、外国人差別を受けた経験がないし、ガキの頃から日本人とつるむのも当たり前。そうなると、怒羅権に入るにしても、残留日本人同士で何かをしたいからというより、単に名前がカッコいいからとかそんな理由なんです。

犯罪に対する意識もまったく違います。俺らのシノギは、クレジットカードや裏ロムみたいなモノを利用して金儲けをするものだった。でも、今の子たちは、フィリピンのルフィ事件みたいに、SNSで知り合った奴と組んで、いきなり老人をぶっ殺して金を奪うといった無茶なことをするでしょ。ためらいもなく、カタギの人に手を出して命まで奪う。

これは俺たちにはなかった感覚です。だから、俺たちがやめろと言っても、ぜんぜん聞こうとしない。でも、今はそういう子たちの時代になっています。こういうズレた感覚の中でやっていくのって、気持ち的にかなりしんどいんです」

一般的な倫理観とはだいぶ異なるが、佐々木らには彼らなりのやり方や価値観があったのだろう。たとえ犯罪をするにせよ、その一線を越えないことで自分たちのプライドを保っていたのだ。だが、時代が変われば、前時代のそれは通用しなくなっていく。

こうした中で、佐々木の気持ちはだんだん裏社会から離れていくのである。

ぬくもりのある家庭への憧憬

2015年、そんな佐々木の人生を変えることが起きた。

佐々木は刑務所と社会を行き来する中で、最初に結婚した妻と離婚した後、夜の街で働いていた20代の日本人女性と再婚した。彼女との間には子どもが生まれたが、親子3人の家庭はこれまで佐々木が知っているものとはまったく違っていた。そこには、初めて感じる〝家庭の温かさ〟があったのである。

「俺はＤＶの家庭で育ったから、温かい家庭というものがまったく想像できなかったんです。親父が毎日きつい低賃金の仕事からヘトヘトになって帰ってくると、一日の鬱憤を晴らすかのように大声で怒鳴り散らして物を壊したり、お袋や俺を拳で殴りつけたりしていました。ずっとそんな感じだったので、俺はそれが普通の家族のあり方だと思い込んでいた。テレビドラマで家族が食卓を囲む楽しそうなシーンが流れても、これはフィクションであって現実のことではないと考えていました。

だから、最初の結婚をした時、俺はまったく家庭に何かを期待したことはありませんでしたし、家族のことを顧みたこともありませんでした。おそらく前妻も同じだったと思います。彼女は中国人スナックを経営するママに育てられたので、家族らしいことをしてもらった記憶がなかったと思う。だから、俺も前妻もお互いに家族のイメージを持てないまま結婚したので、何をどうすればいいのかわからず、結局家庭の外にしか楽しみを見いだせなかったんです。

でも、今の妻と結婚して子どもが生まれたら、ぜんぜん違った。今の妻は俺とはまったく違う生い立ちで、温かい家庭のイメージをちゃんと持っていて、生活の中でそれを実現しようとしてくれるんです。うまいご飯を作ってくれて、テーブルをはさんで楽しい会話をして、休日には子どもを連れて出かける。一般の人には当たり前かもしれませんが、俺にしてみればフィクションではなく、本当にこんなことが現実にあるんだという驚きでした。初めて『家に帰りたい』『家族を守りたい』『ずっとこういう時間がつづいてほしい』と思った。そしたら、今までみたいに悪いことをして、それを手放すことになるのがだんだんと怖くなっていったんです」

佐々木がそのことを痛感したのが、再婚後しばらくして逮捕された時だった。恐喝の容疑で捕まり、3年の懲役刑を受けたのだ。収監されたのは、東京から遠く離れた北海道の月形《つきがた》刑務所だった。

妻はそんな佐々木を見限ることはなかった。はるばる北海道まで幼い子どもを連れて面会にやってきて、励ましてくれたのである。

佐々木は刑務所の面会室で妻と子の顔を見るたびに、「この家族を失いたくない」と痛切に思うようになった。10代の頃から暴力によってありとあらゆるものを手に入れてきたはずの彼が、40代になって初めてそれ以上に大切なものを見つけたのだ。

月形刑務所を出所した後、佐々木は犯罪から足を洗う決意をする。自分が罪を犯さなければ、家族と離れ離れになることはない。そんな思いから正業に就くことを決断したのである。

現在、佐々木は自営業の大工として生計を立てている。月形刑務所を出た後、知人の工務店の社長に連絡をして事情を話し、その下で仕事のイロハを学び、独立を果たしたのだ。

また、コロナ禍の最中には、YouTubeのチャンネルを開設した。そこで怒羅権時代のことを語ったり、当時の不良仲間や地下格闘技の関係者を紹介したりしている。怒羅権という過去を捨てるのではなく、それはそれとして大切にしながら、カタギとして生きていくことを選んだのである。

「俺の人生の中で怒羅権は切っても切れないものです。あの頃の仲間とは今でも付き合いがあるし、現役の怒羅権のメンバーともつながりはあります。人間関係は維持しつつも、俺自身は犯罪から足を洗うというのが選んだ生き方です。

カタギになるのは、俺にとってそこまで難しいことではありませんでした。俺の場合は、怒羅権のトップにいたから、自分の意思次第で行く道を決められることも大きかったでしょう。誰かに左右されることがなかった。ただ、クスリの誘惑は意思だけじゃ断ち切れないので、そっち関係の知り合いは全員つながりを切ったし、新たに知り合うことがあっても連絡先を消すようにしています。クスリを絶つにはそれしかない。

今の生活をつづけられるのは、家庭を守りたいという気持ちに加えて、YouTubeをやっていることも大きいと思っています。誰もが視聴できるメディアで顔と実名を出して過去を赤裸々に話し、昔の友達にまで出演してもらっている。そこまでやったからには、今さらくだらない犯罪を起こして捕まったら恥ずかしいという気持ちがある。それが意外に大きな抑止力になっているのかもしれません」

佐々木はYouTubeのチャンネル開設とほぼ時を同じくして、NPO法人「明日がある」を立ち上げた。町の清掃や炊き出しなど今の活動は限定的だが、これからは本格的な社会貢献活動をすることによって周囲に更生した自分を認めてもらい、いつかは少年院で講話をするような立場になりたいという。

このように怒羅権の成り立ちから、佐々木がそこから足を洗うに至った経緯を見ていくと、社会情勢が2世に大きな影響を与えていたことを感じずにいられない。

残留日本人の2世たちが社会で差別を受けたのも、葛西で怒羅権というグループが生まれたのも、中国人犯罪グループと結託してマフィア化したのも、怒羅権の旧体制が瓦解していったのも、すべて時代のうねりの中で起きたことだ。

見方を変えれば、社会的立場の弱い2世はそれだけ時代の変化の影響を受けやすいと言えるのかもしれない。そしてそのことは、他の国にルーツを持つ2世にも当てはまるにちがいない。

第五章　不良移民の最前線――ベトナム

外国人検挙数1位

２０２４年8月、北海道でベトナム人３人が逮捕された。6月に千歳市の民家の浴室の窓ガラスを割って忍び込み、現金と印鑑を奪った容疑だった。彼らの犯行は、47件に上るとされている。この３人はみな技能実習生として来日した者たちだった。在留資格を失った後も、帰国せず日本に残って不用品回収業などをする傍ら、徒党を組んで窃盗などの犯罪に手を染めていたという。

ベトナム人集団による窃盗事件は、これに限ったことではない。その前の7月と8月には、20~30代のベトナム人5人組が栃木県、それに石川県の能登半島地震の被災地などで連続窃盗事件を起こして逮捕されているし、5月には20代の群馬県在住のベトナム人２人組が栃木県や群馬県で強盗事件を起こして逮捕されている。ほぼ毎月のように、ベトナム人窃盗団による犯罪が発生しているのだ。

現在、日本で検挙される外国人でもっとも多いのがベトナム人だ。『令和5年版　犯罪白書』

（法務省）によれば、窃盗事件での検挙はベトナム人が1位の2620件となっており、2位の中国人1068件、3位のブラジル人233件を大きく引き離している。

なぜ、ベトナム人の犯罪がこれほどまでに増えているのか。

20年余り警察の国際捜査課で勤務してきた刑事の富沢修二は、私のインタビューに対して次のように語った。

「近年、日本は技能実習生を多く受け入れてきました。表向きは先進国で仕事の技術を学んで母国へ持ち帰る制度ですが、実際のところは貧しい外国人が出稼ぎのための制度として利用しています。そして日本の技能実習生の約半数を占めるのがベトナム人なのです。

ベトナムでは、フィリピンなど諸外国と比べて、送り出し機関が適切に機能しておらず、技能実習生たちは多額の借金を背負うなどして来日する傾向にあります。その中で経済的に困窮して犯罪に手を染める人たちが一定数出てきているのです」

2020年からはじまったコロナ禍では、大勢のベトナム人技能実習生が生活に困り、一部の人たちが窃盗事件を起こしたことが報道されて話題となった。こうした人たちを支えるため、全国のNPO法人やベトナム系宗教団体が立ち上がり、コロナ禍が終わった今も支援事業をつづけているが、犯罪は以前にも増して頻繁に報じられている。

ただ、日本で起きているベトナム人の犯罪は、技能実習生の生活困窮という一面だけでは説明しきれないこともあるという。富沢は話す。

「技能実習生の中にはより良い給料やより良い職場を求めて職場を逃げ出す人たちがいます。失踪者と呼ばれ、2023年の1年で9753人に上り、そのうち5481人がベトナム人となっています。彼らは日本社会に紛れ込んで、正規の在留資格がないまま不法労働をしているのですが、それを支えている人たちの中に技能実習生より前にベトナムから来日した世代の人たちがいるのです。彼らのほとんどがインドシナ難民の1世、1・5世、あるいは2世です。彼らが失踪者に住居を提供したり、仕事を紹介したりしている現実があるのです」

日本のベトナム人コミュニティの礎を作ったのは、1970年代以降にインドシナ難民としてやってきた人たちだ。親世代の難民1世は60〜70代、その子どもに当たる1・5世（母国で生まれて幼少期に来日した子）、2世（日本で生まれた子）は40〜50代だ。まず彼らがベトナム人コミュニティを日本で作り上げ、2000年代以降になって今の20〜30代の技能実習生が怒濤のようになだれ込んできたのである。

社会で頻発しているベトナム人の犯罪。そこにはどのような世代間の融合があるのだろうか。日本にいるベトナム人の証言をもとに、歴史をたどりながらその実態に迫っていきたい。

漂流するインドシナ難民

日本におけるベトナム人コミュニティの歴史の原点は、東西冷戦をきっかけに起きたベトナム戦争にある。

ベトナム戦争とは、1960年代初めから1975年までの約15年間、ベトナムで行われた戦争のことだ。第二次世界大戦後に独立した後、ベトナムは米ソ対立の影響を受けて南北に二分されていた。北ベトナムは社会主義陣営としてソ連の支援を受け、南ベトナムは資本主義陣営としてアメリカに支えられ散発的に小さな衝突を起こしてきた。それが1960年代に入って本格的な軍事衝突に発展し、内戦となったのである。

戦争は米ソの代理戦争として瞬く間に泥沼化し、ベトナム国内だけでなく、隣国のラオスやカンボジアをも巻き込んで、インドシナ半島に広がった。当初はアメリカ軍が大々的に軍事支援する南ベトナムが有利と見られていたが、北ベトナムが堅固なゲリラ戦をくり広げ、そこに世界的な反戦運動が加わったことで、戦況は次第に南側にとって不利になっていった。そしてついにアメリカは軍隊の撤退を決断し、南ベトナム政府は無条件降伏するのである。

敗戦が決まったことで、南ベトナムの首都サイゴン（現・ホーチミン市）には北ベトナムの勢力がなだれ込んできた。この時、戦時中にアメリカに協力していた人たちは北ベトナムによる報復や迫害を恐れ、次々に国を脱出しようとする。こうして生まれたのが、大量の難民だ。

難民には、ベトナムだけでなく、同じく社会主義化した隣国のラオスやカンボジアから脱出した者も含まれていたことから「インドシナ難民」と呼ばれ、その数は約140万人に上ったとされている。大多数は一般庶民であり、「ボートピープル」として漁船や貨物船に乗って海賊に襲われながら国外へ逃れるか、タイなどの難民キャンプに逃げ込み、そこで難民認定を受けて第三国への移住を試みるかした。

アメリカをはじめとした西側諸国は、インドシナ難民の受け入れを行わなければならなくなった。日本も例外ではなく、最初はボートピープルに一時的な滞在を認めているだけだったが、諸外国から難民支援への圧力が高まったこともあり、受け入れを本格化せざるをえなくなり、1978年以降1万1319人のインドシナ難民の定住を許可する。

これは日本にとって初めての大規模な難民の受け入れであり、ベトナム人の初めての本格的な流入だった。そしてこのようなインドシナ難民たちが、日本社会にベトナム人コミュニティを形成していくのである。

在日インドシナ難民の一人に、ベトナム人のダンがいる。彼は小学生時代に来日した1・5世だ。当時のことを次のように回想する。

「父親が南ベトナムの軍人で、戦争に負けたってことでベトナムを離れることにしたみたいです。あんまり覚えていないのですが、小さな船に大勢の人が乗っていた。ボートピープルです。母によれば、船は途中で燃料がなくなって何週間も海を漂流していて、僕らは食べ物や飲み物が尽きたんで、おしっこを飲んでしのいでいたらしいです。途中、病気で死んでしまう人が何人もいて、海に投げ捨てていたって聞きましたが、僕は覚えていません。たぶん、子どもには見せないようにしていたんだと思います。

助かったのは、僕らの船の近くを外国船が通りかかったおかげでした。その船に救助されて、日本へ連れて行かれたのです。親は日本がどういう国かわかっていませんでしたが、今からまた別の国へ行くのも大変だということで、日本に難民として定住することを望みました。それで神奈川県の大和市へ移されることになったんです」

もう一人、難民の証言を紹介しよう。同じインドシナ難民だが、ラオス国籍のカムラの話である。

「両親はもともとタイ人なんだけど、途中からラオスに移って、親父は兵士をしていたみたい。戦争中は政府の側についていたんだと思う。俺は12人きょうだいの一番下で、上の兄たちは父と同じくラオスで兵士をしていた。戦争が終わった後は、政府側の人間が狙われることになったんで家族は散り散りになって逃げた。兵士だった兄たちは難民キャンプを経由してアメリカやカナダへ逃れ、1歳だった俺は両親に連れられてタイへ逃げた。

俺が日本に難民として来たのは9歳の時。兄の一人が妻と子と共に日本に難民として渡っていて、タイでの生活はつらいだろうって俺を呼び寄せてくれたんだ。俺は、兄が借りていた兵庫県姫路市のアパートに住むことになった」

来日後に、ダンが大和市、カムラが姫路市に来たのには理由がある。日本政府はインドシナ難民の受け入れのため、「定住促進センター」をこの二カ所に設けていたのだ（それ以外には長崎県大村市にボートピープルの一時庇護のための「大村難民一時レセプションセンター」、東京都品川区にボートピープル問題の長期化対応のための「国際救援センター」が設けられている。国際救援センターの周辺にいた難民は、その後北関東に移住してベトナム人コミュニティを形成する)。

大和市と姫路市の定住促進センターでは、定住を希望する難民に対して日本語教育、健康管理、就労支援、それに自立後のサポートも行っていた。それゆえ、難民たちはその近隣の地域で職を見つけ、定住する傾向にあった。大和市の「いちょう団地」、姫路市の「市営市川住宅」などに大勢の難民が暮らすようになったのはそのためであり、ここは現在も多国籍団地として知られている。

日本での受難

前章の中国残留日本人のケースでも見たように、たとえ国の支援があったとしても、外国人が日本社会に溶け込むのは容易いことではない。特にインドシナ難民の場合は、日本人とは肌の色や顔つきが明らかに違うし、漢字の習得が困難なので、中国残留日本人と比べるとハードルが高かっただろう。

定住促進センターでは原則6カ月の入所が認められており、そこで4カ月に及ぶ日本語教育を受けられることになっていた。だが、それだけではなかなか日本語は習得できず、ほとんどの人たちが賃金の安い工場作業などの製造業に流れていった。

1994年にアジア福祉教育財団によって行われたインドシナ難民の職業調査の記録が残って

いる。これによれば、大和市に暮らす男性の職業は、1位「金属工作機械工」、2位「金属プレス工」、3位「機械組立、修理工」「自動車組立工」、女性は1位「食料品製造工」、3位「電子機器部品製造工」となっている。姫路市の男性では、1位「金属工作機械工」、2位「金属プレス工」、3位「靴製造工」、女性は1位「ミシン縫製工」、2位「靴製造工」「金属工作機械工」、3位「製靴工」だ。

関西で靴製造に関する仕事が多いのには理由がある。姫路市からほど近い神戸市長田区はケミカルシューズ産業の一大拠点となっており、経営者の中には在日韓国・朝鮮人が多く、外国人を雇うのにさほど抵抗がなかったのだ。また、製造工程が細分化・マニュアル化されていたので、日本語が不得意でも比較的早く作業を覚えられた。現在も、長田区にベトナム人が大勢住んでいるのは、こうした歴史があるためだ。

大人たち同様に、一緒に来日した1・5世、あるいは日本で生まれた2世も日本社会への適応に苦しんだ。日本の学校ではいじめに遭い、地域住民からは迫害され、家では極度の貧困にさらされていたのだ。

前出のカムラは子ども時代を次のように振り返る。

「兄とその嫁さんは共働きだった。でも、俺だけじゃなく、小さな子どもたちもいたから生活はむちゃくちゃきつかった。昼間は俺が学校へ行かずに、まだ1、2歳の姪っ子や甥っ子の世話をしていた。学校へは2週間くらいしか行かなかった。何度か登校したけど、日本人の同級生にいじめられたんで嫌になったんだ。

子守は何もわからないままやっていた。おむつを買う金がないので玄関に寝かせて、床がうんちやおしっこだらけになったらコップの水で外に流すみたいな感じ。料金未払いで水道が止まることもよくあって、その時は公園の水をペットボトルに入れて洗い流していた。誰もやり方を教えてくれなかったから、そうするしかなかった。

食事は基本、もやし、卵、ライス、カップ麺のどれか。カップ麺は味が濃いので大好きだったけど、週に2回くらいしか食べさせてもらえない。それで兄夫婦が仕事に行っている時に、よくスーパーへ行って万引きして食べたね。家で食べるとゴミを見て万引きしたのがバレるので、駐車場でお湯も注がずに麺をバリバリ食べてた。調味料やかやくを振りかければ、それなりに味もつくからお菓子みたいな感覚で食べられるんだ。ただ生タイプの麺はダメだった」

小学校へはそのまま行かなくなり、中学には一度も登校しなかったそうだ。その後、カムラは13歳から、家計を支えるために兄の紹介で仕事をするようになった。最初は、ベルトや靴の材料となる革製品の加工をする町工場、その次が塗装業だった。不法な児童労働に当たるが、他にも似たような境遇の子どもが何人もおり、何か言われることはなかったという。

カムラはつづける。

「うちは兄と嫁さんが働いていたのでまだマシな方だったと思うよ。夫婦のどちらかしか働けなかったり、介護が必要な祖父母がいたりする家は、もっと貧しかった。後で仲良くなったベトナム人の中には、子ども時代にマクドナルドの店内のゴミ箱を漁って食べ残しのポテトを食べていたとか、新聞紙を水でふやかして食べて気絶したなんていう人もいたんで、ヤバイ暮らしをしていた人はマジで生きるか死ぬかだったんだと思う。

法律的には難民も生活保護を受けられるはずなんだけど、そういうことを教えてくれる人もいなかった。仮に制度があることを知っていても、日本語がわからないので、役所の窓口に行こうという発想すら浮かばない。なので、せっかく日本に来たのに、ベトナムに住んでいた時よりずっと貧乏になったっていう人はたくさんいたはずだ」

こうした難民たちにとって、日本での生活は出口の見えないトンネルに入り込んだようなものだった。

難民を犯罪に走らせたもの

日本では主に神奈川県と兵庫県に定住するようになった難民たちだったが、関西においてその暮らしを大きく揺るがす出来事が起こる。1995年に兵庫県南部を中心に大きな被害をもたらした阪神・淡路大震災だ。

1月17日の早朝5時46分、マグニチュード7・3の大地震は、まだ夜明け前の兵庫県の中心地を直撃した。瞬く間に10万軒以上の建物が全壊し、半壊は約14万軒。死者は6400人超、負傷者は4万3700人に及んだ。

メディアは主に日本人の被害を大々的に報じていたが、その裏では関西に定住していた難民たちがようやく築きつつあった生活の基盤をも打ち壊した。そのため、大勢の難民たちが住居を失ったり、勤め先をなくしたりして路頭に迷ったのである。

大震災の被害を受けた難民の姿を象徴するのが、神戸市長田区の南駒栄公園《みなみこまえ》（当時）にできたテント村だろう。当時、市内には多くの避難所が設けられ、住居を失った人々が集まっていたが、そこで難民たちは日本人から配給のことで差別を受けたり、盗みの疑いをかけられたりしていた。このことに嫌気が差した難民たちが避難所を出て、南駒栄公園に集まってテントを張って暮らすようになったのである。このテント村での生活は約２年間つづいたという。

難民１・５世のベトナム人であるグエンは、当時21歳で神戸市内の工場に契約社員として勤務していた。彼は振り返る。

「地震が起こる前から、俺たちベトナム人はスーパーで窃盗の疑いをかけられたり、普通に歩いていただけなのに路上で警察から職務質問されたりすることがありました。あの頃は今よりずっと外国人が少なかったので、すごく警戒されていたんです。

あの時代に日本にいたベトナム人はみんな働くのに精一杯で、悪いことをする人はほとんどいませんでした。難民として来日した人は、ベトナムでは公務員や兵士だった人たちなので、違法行為をするという意識がないんです。むしろ、日本に難民として受け入れてもらっているんだから、正しく生きていかなければならないといった空気があったと思う。

それが変わったのが阪神・淡路大震災でした。たくさんのベトナム人が家や仕事を失った上に、日本人からすごく嫌なことをされた。それで真面目にやっていくのが馬鹿みたいに思えてきて、盗みをしたり、違法な商売をしたりする人たちが増えていったんです」

それまで難民による犯罪がまったくなかったわけではない。だが、阪神・淡路大震災によって難民による犯罪が急増したことは、前出の国際捜査課の刑事・富沢も認めるところだ。

富沢によれば、この頃、難民が手を染めた違法ビジネスは、薬物関係と窃盗品の転売だったという。前者は東南アジアのタイ、ラオス、ミャンマーの国境にまたがるゴールデン・トライアングル（黄金の三角地帯）と呼ばれた地域から密輸したヘロインだった。覚醒剤や大麻は暴力団のシノギと被るため、ヘロインの密売を手掛けていたらしい。

窃盗は日本で化粧品やAV機器を盗み、それをベトナムへ持ち帰り、転売するという手法だった。ベトナムでは1986年から行われたドイモイ政策によって、社会主義でありながら、対外開放政策や市場経済化が推し進められていた。そのため、日本から高性能で知られる商品を持ち込み、自由に価格を決めて売ることができたのだ。

富沢は阪神・淡路大震災直後のことをこう話す。

「ベトナム人の窃盗ビジネスはドイモイ政策が開始されると同時にはじまっていますが、大震災でそれが加速したのです。炊飯器、トースター、衣服など何でも窃盗の対象になりましたが、震災の後に目立ったのがスーパーカブの窃盗です。兵庫県内だけで日に数十台のスーパーカブが盗まれました。夜中に盗んだ物をすぐにコンテナに詰め、盗難届が出る前の明け方には貨物船でベトナムへ送り出すのです。

ちょっと意外なものだと、粉ミルクがありました。ベトナムの粉ミルクは品質が悪くて赤ちゃんに健康被害があるのではないかと噂されていました。それで日本製の粉ミルクなら安心ということで、現地ではかなり高い値段で売買されていたようです」

違法薬物にせよ、盗難品の密輸にせよ、こうしたビジネスは個人で手掛けるには限界がある。そのため、知り合いの難民同士でやっているうちに、犯罪グループとなっていったり、母国のシンジケートとの結びつきを強めていったりした。その中で成功した者たちが、日本におけるベトナム人コミュニティの裏の顔役となっていくのである。

難民犯罪グループ

関西で阪神・淡路大震災を機に難民の犯罪が増える一方で、関東ではバブル崩壊後の不景気によって難民が仕事を失って悪事に手を染めるようになっていた。

前出のカムラは姫路市で阪神・淡路大震災を経験したが、無職になったことによって、別の兄を頼って神奈川県大和市のいちょう団地に引っ越した。最初は兄が働いていたエアコンの設置会社に勤め、その後は知人に紹介された鉄筋工事の会社に移ったという。いちょう団地に来た時に知り合ったのが、ヘロインの密売を手掛ける一回り年上のベトナム人たちだった。

カムラは話す。

「あの頃のいちょう団地は、姫路よりずっとダークで好き放題やっているイメージだった。夕方になると、仕事から帰ってきたベトナム人たちが空き地で宴会やバーベキューをやるんだけど、そこにクスリを売る人間が続々とやってきた。ベトナム人が売っているのはヘロインだ。日本のヤクザもいて、彼らは大麻や覚醒剤を売っていた。一つの団地で悪いベトナム人と日本人のヤクザが仲良く商売をしていたんだ。

俺もいちょう団地に来てすぐヘロインにはまった。姫路では貧乏で苦しかったし、仕事ばかりしていたから、こっちでクスリをやるようになってこんなに楽しい遊びがあるんだって感動した。姫路でも悪いことをしていた人はいたけど、自分はあんまりかかわらなかったし、いちょう団地の方が合っていたんだ。

そのうちにクスリを買う金がなくなって、俺自身もこっちで仲良くなった外国人相手にプッシャー（密売人）の仕事をするようになった。ベトナム人はベトナム人を相手に商売していたので、俺は同じインドシナ難民でもラオス人やタイ人を相手にしていた。タイとラオスの文化は似ていて、俺は両方の言葉をしゃべることができた。だから、彼らを相手にすることにしたんだよ」

ここでインドシナ難民がヘロインを専門に取り扱っていた背景を説明しておく必要があるだろう。

アヘン戦争時代からベトナムには中国経由でアヘンが流入しており、庶民の間に広まっていた。

その後は主に山岳部の少数民族がアヘンの原料となる芥子《けし》の栽培を行っていたのだが、ベトナム戦争が勃発したことで兵士の間でより純度の高い違法ドラッグの需要が高まり、アヘンから抽出したモルヒネを精製したヘロインが大量に密造されるようになる。ある統計では、ベトナム戦争に従軍した米軍兵士の1割以上がヘロインの常用者だったとされている。

こうしたことからベトナム戦争後も、東南アジアにはヘロインの密造組織が残り、庶民への供給をつづけた。それゆえ、ヘロインはベトナム人にとってもっとも身近な違法ドラッグとなり、それが難民のネットワークを通じて世界各国へ密輸されるようになったのである。

前出のベトナム人のダンは、ベトナム人犯罪グループについてこう説明する。

「1990年代のいちょう団地には、僕の父親と同じ世代の悪い大人のグループがありました。ヤクザみたいな犯罪組織というより、ドラッグにはまっている大人たちの集まりみたいなイメージに近いかもしれません。

彼らは僕ら若い世代にヘロインや小遣いをくれる一方で、よく呼び出してきました。なんでだかわかります？　僕ら若い世代が日本語をしゃべれたからなんです。

団地には稲川会のヤクザがいて、大人たちは普段から彼らと仲良くしておく必要があるんです。ヘロインを売るといっても、そこまで儲かるわけじゃないでしょ。だからこれを盗んできたら高く買ってやるよとヤクザから教えてもらったり、詐欺の方法を説明してもらったりしなければ生活していけない。

でも、親世代のベトナム人は日本語が不得意です。それで、小中学生で来日して日本語がしゃべれる若い世代を間に挟んでヤクザとコミュニケーションをとる必要があったんです。外でバーベキューをやりながら、よく通訳をさせられたものです。そうやって僕ら若い世代も少しずつヤクザと知り合いになっていきました」

いくら日本政府がインドシナ難民を受け入れたとはいえ、日系ブラジル人コミュニティに比べれば数は圧倒的に少なく、ヘロインの密売をするにしても、そこまでたくさんの需要があるわけではない。そこで、彼らは生活費を稼ぐために、団地に出入りする暴力団と親しくなり、彼らの使い走りのようなことをしながら収入を得ていたのだろう。暴力団の側にとっても、難民は日本人とは違った使い勝手の良さがあったのかもしれない。

ダンはつづける。

「もちろん、団地の人たちみんなが悪いことをしていたわけじゃありません。日本語を勉強してちゃんとした会社で働く大人もいましたし、日本の大学へ進学するような子どももいました。

こういう人たちは日本語とベトナム語が両方できるので、警察や市の通訳をすることもよくあるんです。団地の人が悪いことをして捕まって警察に連れていかれたら、警察の通訳が同じ団地に住むおばちゃんや友達の嫁さんだったなんてことがあった。それで取り調べや裁判の時に融通を利かせてもらうことがありました」

現在と比べれば、ベトナム人の数は圧倒的に少なかった。そのため、善人と悪人との距離も非常に近かったのだろう。

世界を股にかけた犯罪ネットワーク

不良ベトナム人が暴力団と接点を持っていたのは関西でも同じだった。

前出のグエンが暴力団とかかわるようになったのは1990年代の終わりだった。阪神・淡路大震災の後、彼は大阪府に移り、知人に紹介された建設会社で働くようになった。その会社には数人のベトナム人が働いていたそうだ。

グエンは会社の同僚たちに誘われ、週末になると会社外のベトナム人も含めて10人くらいで集まり、淀川の河川敷で酒を飲んだり、カラオケへ行ったりした後、仲間の家に流れてヘロインをやるようになった。こうした付き合いの中で、地元の暴力団組員を紹介されたという。

グエンは話す。

「週末に集まるグループは20～50代まで十数人いて、お金がなくなると誰かが盗みをしに行こうぜと言い出してみんなでやるんです。手に入れた金は、その日の遊びに全額使っちゃってました。この仲間のうち何人かが、スナックで山口組の人たちと仲良くなって引き合わせてくれたんです。居酒屋とか焼肉店に一緒に行くことが多かったですね。ヤクザに刺青を見せてもらったら、ムチャクチャかっこよくて、みんな真似をして和彫りの刺青を入れました。

俺が背中に入れたのは釈迦《しゃか》如来《にょらい》の刺青です。山口組の××さんが入れていて、俺も同じのを入れたいって思ったんです。ベトナム人に人気なのは、雷神、弁慶、般若とかかな。あの頃のベトナムのタトゥーは動物とか鳥とかのワンポイントだったので、刺青は日本のデザインが一番だと感じました」

グエンらグループのメンバーは暴力団と盃は交わさず、あくまでビジネスやプライベート上だけの関係だったそうだ。たまに連絡を取っては飲みに行くくらいで、シノギを一緒にやることはほとんどなかったという。

そうした関係性が変わったのは、2000年代の初頭だった。ある時、親しくしていた暴力団組員から「最近仲良くしているベトナム人がいるんだ」と打ち明けられた。そのベトナム人は日本国内で大麻を栽培しており、それを組員に流しているのだという。組員はその人間を紹介すると言って、グエンを居酒屋へ誘った。

グエンは話す。

「そのベトナム人は俺の知らない人でした。年齢は40代くらいだったと思います。彼は親戚と一緒に兵庫県丹波市にマンションを借りて、そこでハッパ（大麻）を栽培していました。アメリカだったか、カナダだったかから、栽培のための機械を輸入してきているって言ってました。

初めて会った居酒屋で、そのベトナム人から仕事を手伝ってくれと頼まれました。パートナーが海外へ行っているので、人手が足りないということでした。俺はヤクザからの紹介ということもあって引き受けた。栽培には直接かかわらず、主に頼まれたものをホームセンターに買いに行ったり、荷物を運んだりしていました。でも、そいつすげえ偉そうに命令してきたり、怒ったりしてくるので、だんだん面倒くさくなって3カ月くらいで辞めました。

そのベトナム人は栽培したハッパをどうしていたのかって？　俺の知る限り、すべてヤクザに売っていたはずです。今の若い子は別ですが、その頃のベトナム人はハッパをやらなかったんで、ヤクザに売る目的で栽培していたのだと思います」

国際捜査課の富沢によれば、1990年代にはインドシナ難民たちが日本人向けの大麻を栽培するようになっていたという。そこにはインドシナ難民が持つ、特有のグローバルネットワークが関係しているそうだ。

先述の通り、ベトナム戦争が終結した後、大量のベトナム人が難民として世界各地に散らばっていった。同じ一族でも、兄はカナダ、妹はオランダ、叔父はアメリカ、いとこはオーストラリアなどとバラバラになるケースも少なくなかった。

彼らは離れ離れになった後も連絡を密に取り合っており、それぞれの国の情報を共有したり、特異性を利用したりしてビジネスをしていた。カナダで日本製の時計が人気だと聞けば、それを日本にいる親族が送って売るだとか、アメリカの人気ブランドがオーストラリアで高く売れると聞けば、同じように送って売るといったことをしていたのである。

ベトナム人の中には、こうした難民のネットワークを利用し、犯罪行為に手を染める人たちがおり、その代表例の一つが大麻栽培だった。日本で暮らすベトナム人が、親戚から欧米の最先端の栽培技術を学び、それを日本に持ち込んだのだ。

富沢は話す。

「諸外国にはそれぞれベトナム人のマフィア組織があり、特にオーストラリアのそれはものすごく大きな力を持っていると言われています。ベトナム本国は公安の力が強いので、悪いことをする人間たちは国内ではなく、海外へ出て活動する傾向にある。そしてそうした諸外国のベトナム人マフィアが手掛けているのが大麻の栽培なのです。

オーストラリアやカナダではベトナム人による大麻栽培が盛んで、技術は日本とは比べものにならないくらい高い。それで日本に暮らすベトナム人が、同じ難民の親戚の伝手を頼ってそれらの国へ行って栽培方法を勉強したり、必要な機材を買い込んだりして日本に帰国して栽培をする。するとすごく質の高い大麻ができ上がるのです。

日本の暴力団がベトナム人から大麻を買うのはそのためです。自分たちで育てるより、最先端の栽培知識を持つベトナム人にやらせた方がいい。だから暴力団は難民たちが栽培したものを買い取って日本で売っているんです」

富沢が捜査していた大麻栽培をするベトナム人は、関西有数の一等地の豪邸で暮らし、その20代の娘は無職ながら一人でタワーマンションに暮らして高級車レクサスを乗り回しているそうだ。少なく見積もっても、数千万円の年収はあるのだろう。

こうしたグループが関西にはいくつもあるが、地域によってベトナム人の出身地が異なるという。富沢はつづける。

「関西のベトナム人コミュニティは、大きく三つの地域に分かれています。姫路市にはベトナム中～南部の出身者が多く集まっています。難民として来日して、そのまま姫路市に居着いた人たちです。他方、長田区や大阪府八尾市には北東部の町ハイフォン出身の貧しい人たちが多く暮らしています。彼らは長田区や八尾市の工場に仕事を見つけ移っていった人たちです。

姫路市、長田区、八尾市には、それぞれいくつかの犯罪をするグループがありますが、彼らは日本の暴力団と違ってやんわりとした関係でメンバーも流動的です。日本の暴力団とべったりなグループもあれば、ほとんど接点を持たないグループもある。ただ、我々警察からすると、ハイフォン出身のベトナム人の犯罪の方がより悪質なところがあるような印象はあります」

ベトナム人犯罪グループは、メンバー同士が極めてフラットな関係で、年齢差による上下関係はないらしい。みんなで何かをする際に、頭の回転の速いメンバーが先頭に立つことはあっても、組織としての明確なボスは存在しない。この点では、前章で見た怒羅権の人間関係と似ていると言えるだろう。

東南アジアギャングのシノギ

関西の不良集団はベトナム人だけのグループとしてまとまっているが、関東では必ずしもそうではない。これを指摘してくれたのが、大和市のいちょう団地のカムラだ。

カムラは団地を拠点としたグループと親交を深めるうちに、ヘロインにのめり込み、自ら密売をするようになった。最初に逮捕されたのは、22歳の時。ベトナム人や暴力団構成員とドライブをしている際に取り締まりに遭い、違法ドラッグやナイフの所持によって有罪判決を受けたのだ。

京都刑務所に4年ほど収監された後、カムラは茨城県牛久市の入管施設へ移されて難民認定を取り消された。仮放免をもらったことで強制送還は免れたが、就業は厳しく制限されることになった。そこでカムラはいちょう団地の不良仲間の紹介で、東南アジアをルーツに持つ犯罪グループに加わることになる。

カムラはこのグループについて次のように説明する。

「関西のことはあまりよくわからないけど、東京や神奈川では東南アジア出身の多国籍グループがあるんだ。タイ人、ベトナム人、ラオス人、カンボジア人だね。島国のフィリピン人や、ムスリムのマレーシア人は別だ。

多国籍グループは大きな町ごとにあったよ。神奈川県なら横浜、横須賀、相模原みたいに各地に一つずつくらい。俺が入ったのは、大和市で活動していた『サワンナロック』というグループだった。タイ語で『天国と地獄』の意味で、鶴間のマンションがたまり場になっていて、30人くらいのメンバーがいた。タイ人がもっとも多かったけど、他にもベトナム人、カンボジア人、ラオス人がいて、年齢はバラバラだった」

カムラが言うには、2000年前後にいた東南アジア系の外国人の中では、ベトナム人より、タイ人の方が犯罪傾向の強い人間が多かったそうだ。これには訳がある。
1980〜1990年代にかけて、日本の夜の街で働いていたタイ人女性の多くは在留資格のない不法就労者だった。タイ人女性はフィリピン人のように簡単に興行ビザを取得できなかったので、偽造パスポートなどで入国して働くしかなかったためだ。それゆえ、彼女たちを日本に連れてくるタイ人ブローカーや、彼女たちを日本で管理するタイ人も、ほとんどが母国の犯罪組織のメンバーだった。

他方、ベトナム人、ラオス人、カンボジア人は、先述のように母国では公務員など正業で働く一般人だった。彼らが不良化したのは、ベトナム戦争後に難民として日本にやってきて生活に困窮してからだ。つまり、タイ人の犯罪者は最初から筋金入りの犯罪者だが、それ以外はそうではないことが多い。それゆえ、裏の社会ではタイ人が圧倒的に幅を利かせており、ベトナム人、ラオス人、カンボジア人は従属する立場だったらしい。

カムラが属していた「サワンナロック」は、そうしたタイ人が中心になって作り上げたグループだった。カムラによれば、このグループは次のような違法ビジネスを手掛けていたそうだ。

・風俗店や水商売の店の経営
・街娼の管理
・みかじめ料の徴収
・盗品の転売

・違法ドラッグの密売
・不法滞在者への仕事の斡旋
グループは大和市内に「タイマッサージ」の偽看板を掲げた風俗店や、外国人パブなどを複数経営していた。そこでメンバーとつながりのある東南アジア出身の女子たちを働かせて、収益を得ていたという。

街娼の管理は、タイ人が来日当初からやっていたビジネスだった。地元を縄張りにする暴力団に一人当たり日に1万円を支払って許可を取り、女性が稼いだ残りの額の上前をはねる。カムラらはそのやり方を教わり、一時期、難民の1・5世や2世の女性に売春をさせていたそうだ。

みかじめ料に関しては、グループが直接経営していない飲食店などに対するものだ。大和市内にある東南アジア系のスナックなどから月に1万〜3万円を徴収する。その代わり、店でトラブルが起きた際は、彼らが介入して解決することになる。

盗品の転売は日系人コミュニティの「ファミリー」「家系」が行っているのと同様のものだ。様々な盗品を買い上げて、息のかかっている東南アジア系コミュニティで販売するのである。

最後の、仕事の斡旋について、カムラは次のように話す。

「俺が日本に来たばかりの頃は、ベトナム人やラオス人は難民ばかりだったので在留資格を持っていた。でも、2000年代以降は、別のビザで日本にやってきて、在留資格や就労資格がないのに日本で働いて稼ごうとする人が増えてきた。俺たちは長く日本にいるので、どこの会社ならそういう外国人を働かせてくれるかわかっているし、日本語で交渉することもできる。それで、そういう外国人に日本での仕事を斡旋することが増えてきて、いつの間にかビジネスになっていたんだよ」

1990年代は、インドシナ難民たちが日本に初めてそのコミュニティを作った時代だと言えるだろう。そしてそこに新たに押し寄せたのが、技能実習生たちだったのである。

ベトナム人技能実習生の急増

現在、日本に暮らすベトナム人の3人に1人が技能実習生となっている。

日本で外国人技能実習制度が発足したのは、1993年だった。厚生労働省によれば、日本が先進国として「技能、技術又は知識の開発途上国等への移転を図り、開発途上国等の経済発展を担う『人づくり』に協力することを目的」とした制度とされている。だがそれは表向きの話で、現実には、パキスタン、バングラデシュ、イランなどからの不法労働者を取り締まることで不足する労働力をまかなうために、外国人労働者を安価に、かつ合法的に呼び込むためのものとして利用されていた。

1990~2010年代半ばにかけて、この制度の利用者の大半は中国人だった。中国では1970年代後半以降、国の改革・開放政策の一環として労働力の輸出を推し進めており、地方の貧しい人たちがこの制度を使って日本に出稼ぎに来ていたのだ。

日本におけるこうした外国人の労働状況に変化が訪れるのは、2000年代の中国の急速な経済成長と、日本で起きた二つの出来事によってだった。まず2008年に、リーマンショックの影響による不況で多くの日系ブラジル人が失業して帰国し、次いで2011年に起きた東日本大震災とそれに伴う福島第一原発事故によって多くの中国人が帰国した。こうしたことが立て続けに起きたことで、日本の外国人労働者が大幅に減少したのである。

人手不足に陥った産業界でブラジル人や中国人の代わりに労働力を担ったのが、ベトナムからの技能実習生だった。ベトナム人技能実習生の数は、2000年代後半から増加しはじめ、2016年には中国人を抜いて国内で1位となった。そして、現在は20万人に達し、全技能実習生の約半数を占めるまでになっている。

2015年に技能実習生としてベトナムから来日した男性のクエは次のように話す。日本語が不得意なため、通訳を介した談話を紹介する。

「僕はベトナムのタインホアの生まれで、4人きょうだいの長男でした。父親が愛人とどこかへ行ってしまったので、僕は母親を助けるために高校へは行かずに働いて家計を支えていました。生活はギリギリというか、親戚や近所の人からお金を借りたり、野菜をもらったりしなければ成り立たないほど貧乏でした。

20歳を過ぎてからは、近所の工場で働いていたんですが、そこで知り合った友達のお兄さんが技能実習生の制度を利用して日本へ行っていたんです。それで僕も日本で働きたいと思って、そのお兄さんに連絡して、送り出し会社を紹介してもらい、同じ工場で働く友達と一緒に来日することになりました。目的はお金です。ベトナムで働いていても、生きるので精一杯で結婚することもできません。お母さんもきょうだいも、僕が仕送りをするならということで送り出してくれました」

ベトナムの低所得者層の間では、毎日10時間以上働いても食べていくのがやっとという人が珍しくない。そうした人たちが望むのが先進国への出稼ぎであり、日本の場合はそれが技能実習制度を利用した就労なのである。

こうした技能実習生の多くが抱える深刻な問題がある。技能実習生として来日する際に、送り出し会社に支払う多額の手数料だ。

一般のベトナム人が何の伝手もなく日本へ技能実習生として行こうとしたら、母国の送り出し会社を通して手続きを行わなければならない。フィリピンなど国策として海外への出稼ぎ労働を推奨している国では、政府機関が送り出し会社を細かく管理しているが、ベトナムではそれが甘いため、送り出し会社が彼らに不当に高い手数料を要求することが常習化している。

出入国在留管理庁が2022年に行った調査では、フィリピン人技能実習生が送り出し会社に払っている手数料を含めた費用は平均で約9万円だが、ベトナムの場合は約66万円にも上る。また、ほとんどの者たちがこの費用を借金で賄っているため、利息やそれ以外の諸経費も含めて、来日時点で100万円以上の借金を背負っていることもざらだ。多い人だと200万円を超す場合もある。

前出のクエは言う。

「日本に来るのに払った費用は120万円くらいでした。土地を担保にするだけでは足りないので、闇金みたいなところからも借りなければなりませんでした。送り出し会社の話では、日本で働けば、1年くらいで返せて、あとは貯金に回せるということだったので、大丈夫だと思って日本に行くことにしたのです」

ベトナムの1カ月の平均所得は4万〜5万円なので、これだけの借金をして返済できなければ、家族どころか親族ごと破滅するリスクもある。

にもかかわらず、日本で技能実習生が借金を返済するだけの額を稼ぐのは簡単なことではない。「令和5年賃金構造基本統計調査」(厚労省)によれば、技能実習生の平均賃金は月18万1700円であり、ここから税金や衣食住にかかる費用が引かれることになる。会社の寮で生活費をシェアして切りつめたとしても、貯蓄に回せるのは月に5万円から多くても10万円だろう。最長3年の技能実習制度において、理論上は1年目で借金を返済し、残りの2年で200万円ほどの貯金をして帰国することは可能だが、必ずしもそううまく事が運ぶとは限らない。

厳しい仕事や生活の中で心身を病む、賭け事などで大金を失う、同僚から金を盗まれる、日本人の上司からパワハラやセクハラの被害に遭う、賃金の未払いが起こる……。このような事態に陥れば、たちまち借金の返済が立ち行かなくなり、自分だけではなく、母国に残した家族まで路頭に迷いかねない。

　クエがまさにそうだった。

「現場（建設業）で働いていたんですが、日本人の副社長がすごく悪い人で毎日何回も殴ってくるんです。言葉が通じない、仕事でミスをした、休憩の時に飲み物を買ってくるのが遅い、作業着が汚い、移動中の車の中で眠った……。あらゆることで言いがかりをつけられて殴られていました。機嫌の悪い時は、ペンチで殴られたり、ドライバーを投げつけられたりした。

　一番嫌だったのは、副社長が無理やりシャブを売りつけてきたことです。毎日何回も買えと言ってくる。僕より先に技能実習生で来た人は、副社長からシャブを買って中毒になってしまいました。最初は脅されて仕方なく買って家に置いておいたみたいですが、疲れた時にちょっと使ったら気持ち良くてはまっちゃったみたいです。お金もすべてなくなりました。

　僕はそれを知っていたので断りつづけましたが、ついには『シャブを買わないと殺して土に埋めるぞ』って言われました。それでもうこの会社にはいられないって思って逃げることにしたのです」

　建設会社で働きはじめて半年後、クエは最低限の生活必需品をバッグに詰めて勤め先から姿を消した。

失踪者人材ビジネス

技能実習生が職場から逃げ出すことは「失踪」と呼ばれる。給料や残業代の未払い、上司による嫌がらせ、あからさまな差別、生活困窮といった理由から、夜逃げするように行方をくらますのである。

統計の上では失踪者の数はコロナ禍で一時的に減少したこともあったが、中長期的には右肩上がりに増えている。前出のように、その数は過去最多の9753人に上り、うちベトナム人が5481人を占めている。

現行の外国人技能実習制度では、技能実習生は特定の企業で実習を受けるために来日しているので、失踪した時点で在留資格は失われ、不法滞在になる。だが、彼らは多額の借金を抱えているため、最低でもその分を稼がなくては帰国するわけにはいかない。

このようなベトナム人の失踪後の生活や仕事を支えたのが、不良化したインドシナ難民だった。前出のダンは、一時期神奈川県川崎市を拠点とするベトナム人不良グループのメンバーだった。1世から2世までの混合グループだったという。

彼は次のように話す。

「東日本大震災が起きた前後くらいは、今みたいにSNSが普及していなくて、技能実習生同士で情報交換することがあまりありませんでした。なので、ベトナム人が実習先から逃げると、東京とか神奈川にあるベトナム人コミュニティを頼ってくるんです。

あの頃、僕らはベトナム人専用のカラオケパブを経営したり、盗品をベトナム人経営の店に卸したりして生活していました。その関係もあって、時々ベトナムレストランの経営者から『今、失踪者から相談を受けているんだけど、君たちの方でどうにかしてくれないか』と頼まれることがあったんです。

それで僕らはアパートを借りて失踪者に寝泊まりさせ、不法滞在でも雇ってくれる会社を紹介することにした。もちろん、手数料は取りますよ。人によって違いますが、給料の50％くらいです。その代わり、住む場所と携帯電話はこちらで用意していましたし、仕事先でトラブルが起これば僕らが間に立って解決していました」

インドシナ難民として来日した人たちは、貧しい生活を余儀なくされ、中学時代から就労していた者も多い。そうした経験から、どの会社なら不法滞在に目をつぶって雇ってくれるかを知っており、そうしたところへ失踪者を派遣していたのだ。

ちなみに、失踪者は捕まることを恐れて、発見されるまでに何が何でも稼がなければならないという意識があるので、驚くほど真面目に働くし、残業も厭わないそうだ。そのため、特に一次産業の人手不足に悩む会社は、あえて身元を調べずにベトナム人をまとめて雇用することもあるという。

彼はつづける。

「実習生は制度によって給料が抑えられていますが、うちが紹介する会社なら日本人と同じ給料をもらえます。普通に働いて月に25万円くらい、休みなしで残業をたくさんすれば30万～40万円は稼げる。だから僕らが手数料として半分取っても、15万〜20万円くらい手に入る。家賃はこっちで負担しているので、実習生として働くより収入はいいんです。それに逮捕されなければ、何年だって働きつづけることができる。なので、その噂を聞きつけた失踪者が、自分から僕らのところにやってきて仕事を紹介してくれと頼んでくることもありました。もっとも多い時期は、アパートを3部屋借りて、15人くらい現場に派遣していました」

失踪者1人から15万円とったとして、15人だと月225万円。アパート代や携帯代を差し引いてもそれなりの額にはなるだろう。

前出のクエも、実習先から失踪した後、千葉県を拠点にしていたインドシナ難民の不良グループを頼り、住居と仕事を紹介してもらった過去がある。彼はそのグループの下で3年ほど不法労働をしたが、中抜きされることに不満があり、別の失踪者から紹介された食品関係の工場に移ったそうだ。この工場では在留資格のチェックはなおざりだったらしい。

もう一人、同じくらいの時期に類似のビジネスをしていたのが、鶴間に拠点をおいていた東南アジアの多国籍不良グループ「サワンナロック」メンバーのカムラだ。

カムラは話す。

「サワンナロックが失踪者にやらせていた仕事は二つあった。解体業が一つ、俺たちがやってる店の従業員がもう一つ。女には東南アジア料理店を紹介して、キッチンの仕事をさせることが多かった。店の奥で皿洗いや調理をしていれば存在を気づかれにくいからね。

ベトナム人の失踪者がサワンナロックのメンバーになることはなかった。あいつらはほとんど日本語がしゃべれないし、日本に溶け込もうって気持ちがない。だから、仲間って感じにはならなかった」

定住者の在留資格を持つインドシナ難民にしてみれば、失踪者はあくまで日本に短期間出稼ぎに来ている若者であり、自分たちとは立場が違うという認識らしい。

カムラはつづける。

「失踪者の女性がもっと手っ取り早く金がほしいと望めば、セックスの仕事を紹介することもあった。でも、日本人には、ベトナム人の女はあんまり人気がない。中国人の女の方が大好き。だから俺たちはベトナム人の女を中国人デリヘルへ連れて行って中国人だと嘘をついて働かせることにした。ベトナム人はタイ人やラオス人より中国人に近い顔をしているし、震災の頃は中国人の女の数が減っていたから、店も女をほしがっていた。

でも、うまくいかなかった。中国人の店長が給料をちゃんと払わなかったり、ベトナム人を馬鹿にしたりする。ベトナム人も本音では中国人のことが嫌い。それでいつもケンカになり、だんだんと面倒くさくなって、中国人の店でベトナム人の女を働かせるのをやめて、タイエステやタイマッサージの店で働かせることにした」

カムラの言うタイのエステ店やマッサージ店とは、違法な性的サービスを提供しているところだ。こうした店で働くタイ人の多くは１９９０年代に来日していたことから、高齢化していた。

そこでベトナム人の若い失踪者を働かせることで若返りを図ったらしい。

ただ、売春をしてまで大金を稼ぎたいと考える失踪者は決して多くないという。彼女たちは合法的な仕事を望んで来日しているし、失踪中に逮捕のリスクが高まることをするより、低賃金でも目立たずに働きつづけた方がいいと考えるためだそうだ。

不良化する失踪者

2000年代後半〜2010年代前半にかけて、ベトナム人失踪者がインドシナ難民の不良グループを頼ったのはやむをえない事情があったからだ。当時、彼らは横のつながりが希薄だったため、実習先を逃げ出すと在日ベトナム人コミュニティしか助けを求める先がなかったのである。

ところが、2010年代半ばになると、技能実習生を取り巻く環境が大きく変わる。ほぼ全員がスマホを手にし、SNSを利用しはじめたため、技能実習生同士でつながり、ベトナム語で情報交換をしたり、休日に会って親交を深めたりするようになったのだ。彼らが使用する主なSNSがFacebook、Zalo、Viberだ。

時を同じくして、日本では年間の技能実習生のベトナム人失踪者が5000人を超えるようになり、各地に失踪者のグループができ上がった。実習先から逃げた者たちがSNSでつながり、徒党を組むようになったのだ。次第に彼らは自らを「ボドイ（ベトナム語で「兵士」の意味）」と名乗るようになる。SNS上に「Bộ Đội」とグループ名を書き込んで自分たちの存在を同胞に主張するのである。

この頃から、技能実習生が失踪する際に支援を求める先が、インドシナ難民の不良グループからボドイのグループへと変わっていった。技能実習生は来日前からＳＮＳを通じて彼らの存在を認識しているし、コメントやダイレクトメッセージでやりとりすることもできる。それゆえ、失踪する前に彼らにＳＮＳ経由で連絡を取って、あらかじめ住居や仕事を紹介してもらうのだ。

また、留学生も似たような形でボドイのグループに接触している。留学生の中には出稼ぎを目的としている者もいるが、週に28時間以内しかアルバイトをしてはいけないという決まりがあるので十分な収入を得られない。それで金や仕事に困った者たちがボドイのグループを頼るのだ。

ボドイはグループによって性質が異なるが、中にはギャングのような犯罪集団も少なくない。そういうグループは非常に自己顕示欲が強く、ＳＮＳ上で高級ブランドのファッションをひけらかしたり、暴走族や暴力団のようにタトゥーや凶器を示して暴力性をアピールしたりする。コロナ禍の時に、「群馬の兄貴」と呼ばれるベトナム人が率いるグループが注目されたことがあったが、あれもその一つだ。

クエも２０１８年頃から、ボドイのグループの一つと付き合うようになった。千葉県船橋市を拠点にしているグループで、メンバーは工場で働きながら、盗品をＳＮＳで転売したり、違法ドラッグの密売をしたりしていたそうだ。

クエによれば、このグループは失踪者の人材派遣ビジネスも手掛けていたらしい。彼らはみな失踪者であるため、その経験談をSNSに書き込んだり、現在のリッチな生活を誇示したりしている。そして彼らの方から現在の仕事や生活に不満を持っているベトナム人にダイレクトメッセージを送り、条件のいい仕事を紹介するから逃げてこいとそそのかすのだ。グループは仕事の世話をする代わりに報酬をもらう。

サワンナロックのカムラは次のように話す。

「昔、俺らインドシナ難民がやっていた失踪者に対する仕事の斡旋業は、何年かしたらボドイのグループがやるようになった。あいつらは俺たちの仕事の方法を見て、もっとうまいやり方を見つけたんだ。失踪者がやってくるのを待っている俺らとは違って、Facebookを駆使して『俺たちのところに逃げてくれれば、倍の給料で働ける仕事を紹介するぞ』とか『○月○日に××町の人間5人が失踪するから、お前も一緒に来ないか』などと誘うんだよ。実習先で働くより、そっちの方が良い条件なら飛びつく人間はごまんといる。

最近多いのはSNSで家や仕事の紹介をすることだな。『群馬県××市にアパート空きました。家賃×万円』とか、『×月×日埼玉県××市で仕事あり。日給×万円』とかアップするんだ。失踪者はそれを見て連絡してくる」

ボドイの手口の特徴は、SNSを駆使して技能実習生に対して積極的に働きかけるところだろう。

これは、ボドイの他のビジネスにも当てはまる。盗品の転売では、インドシナ難民たちは盗品を直にベトナム食材店に卸したり、母国へ送って転売したりとアナログな方法を取っていたが、彼らはSNSを介して行っている。SNSに盗品の画像をアップして買い手を見つけ、直接会うことなしに宅配と電子決済で取引をするのだ。

ボドイのやり口は、今の時代に適応したものだと言えるが、インドシナ難民にしてみればシノギを奪われたことになる。両者の間に摩擦は起きないのだろうか。

カムラは説明する。

「ベトナム人と一括りにしても、俺たちと、実習生や留学で来ている子たちはまったく違う人種なんだよ。彼らは北部や中部の貧しい家庭の出身者が多く、俺たちインドシナ難民は南部の中流家庭の出身者が多い。世代的にも、彼らは20〜30代だけど、インドシナ難民は40〜70代だ。そうなるとお互いのことを同じベトナム人だと思っていないし、スマホの使い方もまったく違う。俺たちは今のやり方でずっとつづけてきたから、若い子たちが別の形でやるんだったら勝手にやってくれって感じだ」

技能実習生や留学生はデジタルネイティブの若い世代だ。彼らにしてみれば、SNSを駆使して情報交換をしたり、コミュニティを形成したりするのは当たり前だろうが、ベトナム戦争によって国を追われて日本にやってきた中高年は、そうした感覚を身につけていないので、両者の間には深い溝がある。人数も圧倒的に違う。そのため、付かず離れずの関係性であるのが現状なのだろう。

ボドイの凶悪化

ここ数年、ボドイのグループが起こす犯罪は増加しているだけでなく、凶悪化している。

警察庁の調べでは、2010年代末まで「傷害・暴行」で検挙されたベトナム人は年間数十人規模に留まっていたが、2022年には160人、2023年には181人と大幅に増えている。さらには殺人事件なども起きている。

凶悪化の理由としては、彼らがインドシナ難民と違って日本に定着する意識が薄いことがあるという。国際捜査課の富沢は次のように話す。

「難民としてやってきた人たちは日本に永住する前提で住んでいますので、日本社会の中でちゃんと棲《す》み分けができているんです。犯罪をするにせよ、それなりの分別があって、秩序を大きく乱したり、定住者の在留資格を取り消されたりするような過激なことはしません。だから、我々にしても社会にとっての慢性疾患のようなものとして付き合っていくべき相手という認識なんです。

一方、技能実習生や留学生の連中は違います。日本にいる間に何をやってでもできるだけ多く稼げばいいと考えているので、犯罪が急激にエスカレートしやすい。社会にとっての進行性のがんみたいなものなんです。すぐに切り取らなければ、どんどん悪い事態になって社会全体が毒されてしまう。そういう危機感を持って捜査に当たるべき存在なのです」

これで思い出すのが、１９９０〜２０００年代にかけて起きた中国人マフィアの犯罪だ。彼らもまた、短期間でできるだけ金を稼ぐことを目的として来日していたため、怒羅権の威光を借りて急激に凶悪化していき、殺人をはじめとする重大犯罪を次々に起こすようになった。現在は、そうした存在が20〜30代のボドイのグループを筆頭に、若いベトナム人に取って代わられているのである。

ボドイのグループの犯罪は多岐にわたるが、ここでは主な三つの収入源を紹介したい。

・新たな違法ドラッグの密輸・密売
・偽造在留カードの密売
・ベトナム式賭博

ボドイのグループが取り扱っている違法ドラッグは、インドシナ難民が扱っていたヘロインとは異なり、ＭＤＭＡやケタミンが主流だという。ＭＤＭＡは錠剤の形をしたものを口から飲み込み、ケタミンは主に粉状のものを鼻から吸って摂取するものだ。

どちらも依存性があり、場合によっては命を落とす危険もあるのだが、夜の街では大麻のようなゲートウェイドラッグ（より強い副作用や依存性のある薬物使用への入り口となる薬物）として受け止められており、裏社会とは縁のない日本人であっても、クラブなどで比較的簡単に手に入る。なぜこうしたドラッグが彼らの間で広まっているのか。

ダンは次のように話す。

「ベトナム人はパーティーが好きで、よく土日に集まってパーティーを開くんだ。ＳＮＳで呼びかけて、近所にいる人たちで集まって酒を飲んだり、カラオケをしたりする。

この時に使うのがＭＤＭＡなんだよ。Facebookを通して簡単に買えるし、値段も３０００円くらいなんで気軽に手を出せる。ベトナム人は酒はビールくらいしか飲まないので、強い酒を飲むような感覚でＭＤＭＡをやる奴も多いと思う。また、ＭＤＭＡはセックスドラッグなんで、女の子と遊んだり、商売の女とやったりする時にも使える」

ＭＤＭＡが広まっている背景には、パーティーでの使用があるというわけだ。もともとＭＤＭＡは「パーティードラッグ」と呼ばれ、ライブで音楽を聴いたり、クラブで踊ったりする際に多幸感と幻覚を求めて使用されてきた。そういう意味では、パーティーを頻繁に行う在日ベトナム人のライフスタイルと合ったということなのだろう。

富沢によれば、関東だけでなく関西でも似たような現実があるそうだ。

「関西には、金儲けに成功したニューカマーのベトナム人たちが数人で出資して作ったベトナム人専用のクラブがあります。ベトナム人オンリーで、入り口にはセキュリティーがいて、日本人や他の外国人が入ることのできない仕組みになっています。内装は昔で言うディスコみたいな造りで、ＤＪやバンドの音楽に合わせて若いベトナム人が踊っている。ここで売られているのが、ＭＤＭＡとケタミンなんです。

ＭＤＭＡはアッパー系のドラッグで気分が上がり、ケタミンはダウナー系で抑制的な作用があります。ＭＤＭＡで上げて、ケタミンで下げるといった使い方をしている人もいる。両方ともベトナムからセットで密輸されていて、客はニューカマーの技能実習生か留学生で、日本人向けに売られることはありません。ボドイはヤクザを恐れているので、商売がバッティングしないようにしているのです」

関西のボドイにとって、暴力団は恐れつつも崇めるような存在だそうだ。それゆえ、かつての中国人のように対立して傷害事件を起こしたり、縄張りを荒らしたりするようなことはしないらしい。在日ベトナム人は60万人を超えているため、無理に広げなくてもビジネスは十分に成り立つのだろう。

ちなみに、このクラブの中では売春の斡旋も行われているらしい。ボドイがベトナム人売春婦を囲っており、客の技能実習生や留学生に手数料を取って紹介するのである。

もう一つ、ボドイがベトナム人向けに行っているビジネスが、在留カードの偽造と密売だ。

在留カードとは、法務省が中長期在留者に対して交付しているもので、運転免許証のように氏名、生年月日、国籍、在留資格などが記されており、ＩＣチップが埋め込まれている。外国人はこれを常時携帯することが求められており、警察官に身分照会を求められた時に提示したり、企業で働く際に身分を示すものとして提示したりする。いわば、日本滞在のための許可証のようなものだ。

技能実習生が失踪した場合、在留資格が取り消されるため不法滞在・不法就労となり、もとの在留カードは使用できなくなる。また、留学生の場合は規定の時間以上のアルバイトをしてはいけない決まりになっている。

そこでボドイのグループが行っているのが、偽の在留カードの製造と販売だ。SNSで買い手を募り、その人の写真が入った在留カードを偽造するのである。そこで在留資格を「永住者」や「定住者」に変えれば、どこででも好きなだけ働ける。

数年前までは1枚当たり数万円で売られていたが、近年は業者の乱立によって数千円にまで値下がりしているらしい。また、在留カード以外にも、運転免許証や保険証の偽造も手掛けているという。

ダンは話す。

「最近は、国が在留カードの真偽を診断するアプリを作って、民間でも無料で利用できるようにしています。これで偽造在留カードを見つけて、逮捕につなげられると考えているんでしょう。でも、人手が足りない日本の企業は、ベトナム人を一人でも多く雇いたがっているので、一々そんなものを使って確認しません。もし警察から不法就労の人がいると指摘されても、会社側は『アプリでは調べなかった』『本物の在留カードだと思っていた』と言い訳をすれば済むわけですから。それに、ベトナム人同士のSNSでは、チェックの甘い会社の情報が共有されているので、偽造在留カードを持っている人はそういうところで働こうとします」

ここでいうアプリとは、「在留カード等読取アプリケーション」のことだ。カード内のICチップのデータを読み込ませれば、それが本物であるかどうかを確認できる。だが、彼が指摘するように、労働力不足に悩まされている企業、あるいは農家のような個人事業主であれば、あえてそこから目をそらしてでも、真面目に働く失踪者を雇いたいというのが本音であり、結局はいたちごっこにしかならない。

ベトナム式賭博「ソック・ディア」

ボドイのシノギの中でも、特に大きな利益を生み、かつ多数のトラブルを引き起こしているのが、ベトナムの賭博「ソック・ディア」だ。

ソック・ディアのやり方は、日本の丁半博打《ばくち》と似ている。受け皿の上にトランプのマークなどを切り抜いた紙を4枚置いて、茶碗で覆う。それを上下に振り、表になった紙片の数が奇数か偶数かを当てるのだ。当たれば掛け金の倍額をもらえ、負ければ全額没収される。また、奇数か偶数かだけでなく、その枚数を当てる方式もあり、的中すれば数倍から十数倍の高配当となる。

ボドイのグループは、アパート、ベトナム料理店、ベトナム人専用クラブで賭場を開帳し、SNSで参加者を募る。ベトナム人は賭け事が好きな人が多いと言われており、参加者の大半が技能実習生や留学生だ。2021年に千葉県松戸市のベトナム料理店で検挙された事件では、5人の胴元に対して客が24人いたというから、一晩で数百万円の金が動いていることは間違いない。

だが、どのような賭博でも、胴元が儲かる仕組みになっている。参加者が負けると、胴元はその場で誓約書を書かせて金を貸し付け、もっとやれと煽っていく。気がついたら、数十万から数百万円のマイナスになっていることもざらだ。

富沢は幾度もベトナム人の賭博に関する捜査をしてきた。その経験から次のように語る。

「賭場を開帳するベトナム人たちは非常に悪質で、返せないとわかっていながら、多額の金を貸し付けます。その条件としてパスポートを出させ、日本で付き合いのある友達からベトナムの実家までその住所や連絡先をすべて書かせるのです。

もし期限までに借金が返済されなければ、彼らは相手の身柄を拉致します。監禁場所は、彼らが経営するクラブや、拠点とするアパートなどです。彼らはFacebookメッセンジャーのビデオ通話などを使って実家に連絡をし、リアルタイムで借金をしたベトナム人にリンチを加えるところを中継する。そして家族に対して『このまま殺されたくなければ、すぐに借金を肩代わりしろ』と脅します。

実家の家族にしてみれば、その場で殺されてはかなわないので借金の返済の約束をします。土地を売って金を作る人、親戚から借りて金を作る人などそれぞれですが、それによって生活が成り立たなくなり、一家離散することも珍しくないでしょう」

ソック・ディアにまつわる事件は数年前から頻発しており、規模も大きくなっている。たとえば、２０２０年に起きた事件では、ソック・ディアで多額の借金をした33歳のベトナム人男性を、20~27歳のベトナム人７人が滋賀県で暴行を加えて車に乗せた後、千葉県まで運んで監禁している。

なぜ滋賀県で借金を作った人間が千葉県まで連行されなければならないのか。実は、ボドイが賭博の開帳から借金の取り立てまですべてを担うこともあれば、別のグループが拉致、監禁、取り立ての部分だけを担うこともあるのだ。ライターの安田峰俊が『北関東「移民」アンダーグラウンド』(文藝春秋刊)の中で「群馬の兄貴」と呼ばれたボドイのグループのリーダーが、ベトナム人の監禁にかかわっていたのではないかと示唆しているが、これなどは拉致・監禁を外注の仕事として請け負っていたケースと推測できる。

ちなみに、第三章でコロンビア人のネルソンが、自社で雇っているベトナム人技能実習生が賭博で200万円以上の借金をして、その肩代わりをしたと証言していた。このケースでは借金をした参加者が賭場に監禁され、ベトナムの実家より先に、雇用主であるネルソンに連絡がいったことになる。

ネルソンはこの時の状況について、次のように話していた。

「俺の感覚からしても、あいつら(ボドイのグループ)はマジで危ない奴らでした。俺はずっと裏社会にいたし、ヤクザともかかわっているからわかるけど、本気で相手を殺そうとする奴とそうでない奴とではぜんぜん違う。あいつらは俺が借金を払わなければ、すぐにでも殺すという感覚だったと思います。

俺が金を出したのは、彼の実家の状況だと借金の返済は不可能だったからです。それをわかってて支払いを渋り、うちで雇っている子が死体になって見つかったら後味悪すぎでしょ。だから俺が立て替えて、少しずつでいいから返せと言ったんです。

怖いのは、ベトナム人ってそれでも賭け事をやめられない人間が多いことなんですよ。国民性といったらそれまでなんですが、頭に血が上ってわけがわからなくなって破滅するまでやってしまう。失踪者は殺されてもなかなか表に出てこないので、たぶん本当に殺されている奴はかなりいると思いますよ」


ネルソンの言葉は決して大げさではないと思う。

たとえば、２０２４年の2月には千葉県大多《おおた》喜《き》町《まち》の山林で、焼けた乗用車の後部座席から29歳のベトナム人男性の遺体が見つかった事件が起きた。10カ月経ってようやく20〜30代のベトナム人5人が、恐喝、営利目的略取、監禁、拐取者《かいしゅしゃ》身代金要求の容疑で逮捕された。未だに全容は明らかになっていないが、知人の話によれば、被害者の男性は複数のベトナム人から数百万円に上る金を借りており、それが大きなトラブルになっている最中に連絡が取れなくなったという。

司法解剖では、遺体の骨が複数箇所にわたって折れていることもわかっており、リンチを受けた後に車と共に焼かれたと見られている。これまで述べてきたボドイのグループの犯罪を重ね合わせた時、この事件がそれと完全に無縁とは言い切れないだろう。

現在、ボドイのグループは、在日ベトナム人コミュニティの中で絶妙な立ち位置を保っている。彼らは失踪者のために求人情報を提供したり、偽造在留カードを安く売ったりして必要悪として存在する一方で、賭博で大金をむしり取り、時には牙をむいてリンチや殺害に及ぶ。そういう意味では、在日ベトナム人の臓腑に巣くう寄生虫のような存在といえるのかもしれない。

失墜するインドシナ難民

1970年代から現在までの流れを見ていくと、在日ベトナム人コミュニティの中でインドシナ難民の不良グループが影響力を失い、代わりにボドイが大きな力を持つようになったことがわかる。

そんな状況を、取り締まる側の警察はどう見ているのか。富沢は次のように話す。

「ベトナム人の中でインドシナ難民の不良グループの存在は消えかけていると言っていいと思います。それはインドシナ難民全体の高齢化と貧困化によるところが大きいでしょう。

現在、インドシナ難民の1世は60~70代の高齢者となっていて、福祉の支援なしでは生きていけなくなっています。たとえば、神戸市長田区には約1700人のベトナム人が住んでいますが、そのうちの約半数が生活保護を受けていると言われている。

こうなれば、不良グループだってヘロインを密輸したところで、もう買うだけの余力のある人はいません。盗品をベトナムへ運んで転売できるような時代でもない。なので自分たちも生活保護を受けて暮らし、悪いことをするといっても、たまにコロナ禍の給付金詐欺みたいなことをする程度になっているのです」

インドシナ難民の不良グループは、インドシナ難民のコミュニティに根差して生きてきた。そのコミュニティが衰退すれば、共倒れになるのは必然だ。

では、インドシナ難民の1・5世や2世はどうなのか。富沢はつづける。

「1・5世は50代、2世も40代、どちらも立派な中年世代です。彼らは日本で育っているので、ベトナムで生まれ育った技能実習生や留学生とはバックボーンや感覚がまったく違います。なので、彼らと手を組んで何かをするということはありません。

ある程度成功した1・5世や2世ならベトナム人専用クラブを持っていたり、レストランを経営していたりするので、ボドイに賭博の場所として貸すとか、そうした店を出す際に共同出資者の一人になるといったことくらいはあるでしょうが、そんな富裕層はほんの一握りです。

あとは、難民という立場を利用して偽装結婚することくらいでしょうか。インドシナ難民がベトナム人と結婚をすれば、相手も定住者の在留資格を取得することができます。それで1回200万~300万円くらいで偽装結婚するというようなビジネスがあるんです。関西ですと、姫路にはそうやって在留資格を取ったベトナム人が多くいると言われています。とはいっても、偽装結婚なんて一生のうちせいぜい2、3回しかできませんので、一時的な収入にしかならないのが現状です」

ボドイのグループがすさまじい勢いで力をつけている裏で、インドシナ難民は高齢化の波に呑み込まれ、ひっそりと息をひそめるようにして生きているのが現状なのだろう。

ただ、これこそが外国人不良グループの本来的なあり方なのかもしれない。特定の国から外国人が大量に流入してくるのも、その一部が不良化して犯罪に走るのも、国の政策がもとになって引き起こされることだ。時代が変われば、来日する外国人の世代も性質も変わり、古き者たちの文化は衰退し、新しい者たちが時代の流れに乗って隆盛を誇る。

国が制度の不備を正し、社会全体が変わらない限り、そんな犯罪者たちの栄枯盛衰が延々とつづくだけなのだ。

第六章　差し伸べた手は届くのか——外国人児童福祉

丘の上の児童養護施設

千葉県木更津市にある木造の無人駅・馬来田《まくた》駅には、2月の冷たい雨がしとしとと降っていた。ここから車で5分ほど細い道を進んだ丘の上に、創設40年の児童養護施設「野の花の家」がある。雨の中、私を迎えてくれたのは、理事長の花崎みさをだ。80代になっても精力的に活動しており、この日も地方出張から帰ってきたばかりだった。

花崎は疲れを感じさせない力強い声で話す。

「この土地は、もともと私の親が所有していたものなのです。現在は、野の花の家の他に、児童家庭支援センター、学童クラブなどもあります。最初は児童養護施設だけだったのですが、あれも必要、これも必要と対応していくうちに増えていきました」

丘の敷地内には野の花の家の他にいくつもの福祉施設が点在しており、それらすべてが社会福祉法人「一粒会《いちりゆうかい》」によって運営されている。

私が野の花の家を訪れたのは、ここが半世紀近くにわたって外国人の子どもたちを受け入れてきた歴史を持っているためだ。日本には外国人に特化した児童養護施設は存在しないが、野の花の家は外国籍の子どもたちの保護から事業をはじめ、その後も今にいたるまで全国から外国にルーツのある子どもを積極的に受け入れてきた稀有な施設なのである。

本書では、外国にルーツのある子どもたちが日本社会に溶け込めず、漂流してしまう経緯を取り上げてきたが、同様の背景があっても福祉のセーフティネットに引っ掛かり、社会的養護を受けて生活してきた者たちもいる。最終章では、花崎に野の花の家の成り立ちと歩みを聞くことで、外国にルーツのある子どもたちの支援のあり方を考えてみたい。

はじまりはインドシナ難民の子どもたち

まずは花崎がたどってきた足取りから見ていこう。

千葉県木更津市で育った花崎は、都内の大学を卒業してから、福祉関係の雑誌の編集者を経て、20代の頃にスイスに渡って国際児童養護施設で働いた。その後、日本に帰国したところ、ボートピープルなどとして来日したインドシナ難民の子どもたちが日本で迫害を受けていたり、生活に困っていたりすることを知り、1981年に個人でインドシナ難民の子どもの里親をしたのが現在の活動の出発点だった。

彼女は振り返る。

「関東ではインドシナ難民は神奈川県の大和定住促進センターで研修を受けるのですが、事情があって親が子育てできなかったり、親が母国に残って子どもだけを日本に行かせたりするケースがいくつもあったんです。

センターにはそうした子どもを保護する機能がないので、ＩＳＳＪ（社会福祉法人日本国際社会事業団）が彼らの生活の面倒を見ていました。当時の私は『アジアの子も日本の子も共に住める家創り』をコンセプトにした子ども支援をやりたいと構想していて、その相談等でＩＳＳＪを訪問したことがあったのですが、それからしばらくして突然あちらから連絡があり、17歳のベトナム人の女の子を引き取る気はあるかと打診されました。インドシナ難民の子です。たぶんＩＳＳＪの方も難民の子どもの数が増えていて対応に困って、私なら何とかしてくれるのではないかと思ったのでしょう。それで、私が個人の里親としてそのベトナム人の子を引き取ることにしたのが最初でした」

１９８１年、花崎が最初に里子にしたのが17歳のベトナム人・トゥイだった。そしてこれを機に、ＩＳＳＪを介してインドシナ難民の子どもたちを一人またひとりと受け入れていく。

当初、花崎のもとにやってきたインドシナ難民の子どもたちは、母国では中産階級以上、どちらかと言えば裕福な家庭の出身者が多かった。家庭や学校でそれなりに高いレベルの教育を受け、生活習慣もしっかり身についていたことから、手が掛かって扱いにくいといったことは少なかった。

だが、1980年代の千葉県の田舎町には、日本語のわからない難民の子どもを受け入れる環境はまったくと言っていいほど整っていなかった。一例を示せば、トゥイを里子として迎えた後、花崎は近隣の学校へ編入させようとしたが、ことごとく受け入れを渋られた。外国人に対応できる先生がいない、日本語指導のノウハウがない、学校として前例がない……様々な理由をつけられて断られたのだ。だが、将来的に日本に定住して自立を目指すのならば、日本の学校へ通って言葉や文化を習得する必要がある。

花崎は八方塞がりになり、自分の恩師である高校の教諭に相談した。その先生は旧知の中学校の校長を説得し、学籍は置かずに、預かりという形で通学を認めてくれた。これによって、トゥイは5学年も下の中1のクラスに入り、勉強をスタートできるようになったのだ。

最初、トゥイは授業についていけず、教室の隅でポツンとしていただけだった。だが学校だけでなく、家でも懸命に日本語を勉強したことで、少しずつ会話ができるようになり、友達も増えていった。

花崎は話す。

「あの頃の日本の学校は、外国人の受け入れに拒絶反応を示すのが普通でした。今のように外国人の生徒が当たり前のように在籍している時代ではないので、先生たちはどうしていいかわからなかったのでしょう。また、難民という立場に加えて、親がいないということが、余計に警戒心を強めたのかもしれません。

この活動を開始した時、私は海外の児童養護施設で働いた経験があったので、日本人の意識の低さや政策の遅れに驚きました。たとえばトゥイさんの妹は、同時期にアメリカへ難民として渡っていますが、向こうでは当たり前のように現地の学校の年齢相応のクラスに入学することができた。もうこの時点で行政や地域の意識がまったく違うんです」

インドシナ難民支援は、日本にとって初めての本格的な難民支援事業だったため、法律を作って受け入れたまでは良かったが、それ以外のインフラが未整備だった。そうした足りない部分を、花崎のような民間の篤志家がボランティアで埋め合わせなければならなかったのである。

花崎はつづける。

「私にとって最初の里子がトゥイさんだったことは幸いでした。彼女は性格的にとても真面目だったし、賢かった。なのでちゃんと勉強をし、友達を作り、中学、高校と進んでいった。そして東北福祉大学に進学して心理学を学び、現在は通訳兼ケースワーカーとして活躍しています。

長い間、大勢の外国籍の子を見てきましたが、実際にはみんながみんなトゥイさんのようにいったわけではありません。いくら学校へ行っても日本語をうまく覚えられず、いわゆる3K労働といわれるようなところで働かざるをえず、今も低賃金で苦しい生活をしている人はたくさんいる。

両者を分ける要因は何なのか……。その子の性格もあれば、来日した年齢もありますし、出会った人の影響もあるでしょう。家族とのしがらみのようなものもある。どれか一つというより、その子が自分ではどうしようもできないことによって道が分かれてしまう状況を何度も見てきました」

同じ外国にルーツのある子どもたちでも、レールに乗ってうまくいく子と、そうでない子とがいる。第三者がいくら親身になって手を差し伸べたからといって、必ずしも全員がレールに乗れるわけではない。花崎は間近で嫌というほどその現実を目にしてきたからこそ、そういう子どもたちの姿が今も脳裏に刻まれているのだろう。

児童養護施設の開設

当初、花崎は里親として複数のインドシナ難民の子どもたちを受け入れていたが、個人では手に余るようになったこともあり、4年後の1985年に法人化し、「アジアの子も日本の子も共に住める家創り」という当初の目的を全うすべく児童養護施設・野の花の家を開設する。

児童養護施設になったことで、財政面は安定したものの、これまでのように外国人に特化した活動のみを行うことはできなくなった。児童福祉法の定めでは、保護された子どもは児童相談所によって委託先が決められることになっており、児童養護施設が自ら子どもの措置を行うことはない。つまり、児童養護施設は、児童相談所によって保護された子どもたちを預かる機関なのだ。

ただ、花崎にとって外国人の子どもの支援ははじまったばかりであり、法人化したからといって理念を放棄するつもりはなかった。そこで彼女は児童相談所や自治体に働きかけ、自分たちがインドシナ難民の受け入れから事業をスタートし、外国人支援のノウハウを持っていることをアピールすることにした。

花崎の話だ。

「当時の千葉県には、措置が必要な外国人はそれほど多くいませんでした。インドシナ難民といえば、やはり大和市や姫路市に多かった。もし日本での生活に困っているインドシナ難民の子どもの支援をしようとすれば、千葉県以外に散らばっている子たちに手を差し伸べなければなりませんでした。それを叶えるには、各自治体の児童相談所の役割の区分などもあったので、他県の大勢の関係者と協議を重ね、理解を得ていく必要がありました」

ある県の児童相談所が子どもを保護して措置が必要だと認めた場合、原則として県内の児童養護施設に入所させる。だが、当時の児童養護施設の大半は、日本人の子どもしか預かった経験がなく、外国人の取り扱い方を知らなかった。

こうした施設はビザの問題から語学の勉強まで外国人対応のノウハウを一から築いていかなければならず、うまくいかなければ子どもにしわ寄せがいくことになる。花崎はそうした現実を他県との協議の中で再三訴え、自らの施設には受け入れる力があるとアピールした。

この際に活用したのが、特別な事情のある子を、別の県にある受け入れ能力を持つ施設が県をまたいで引き取る仕組みだ。これを利用することによって、他県の措置が必要な外国人の子どもを、野の花の家で受け入れることができるようになったのである。

言うまでもなく、こうした例外的なやり方を広めるのは簡単なことではなかった。公的機関は慣例を破ることにとても慎重だし、自治体間の連携の意識も乏しい時代だった。また、措置費は国と自治体が半分ずつ分担するため、ある県が子どもの措置を決めれば、たとえ千葉県の施設に委託したとしても、その県が最後まで措置費用を半額負担しなければならず、問題が起きた時は責任の一端を負うことになる。つまり、他県に丸投げできるわけではないのだ。

それでも全国の自治体から野の花の家に外国人の子どもが措置されるようになったのは、外国人の支援が一朝一夕ではできないことが大きかったからだろう。子どもたちの将来を思えば、県の垣根を越えてでも、環境が整っている野の花の家に預けた方がいい。そういう考えが広まり、外国にルーツのある大勢の子どもたちが野の花の家に送られるようになったのである。

花崎は言う。

「とても難しかったのは、学校の先生方に意識を変えてもらい、外国人の受け入れに前向きになってもらうことでした。クラスの先生は、日本人の生徒を中心に授業をしながら外国の子にも教えなければなりませんし、外国人の子どもの側も来日する年齢も違えば、能力や生活習慣も個々でまったく違う。ようやく先生が外国人の子の扱い方に慣れてきたと思っても、数年したら異動になってしまう。さらに、子どもたちが成長すれば、今度は大学への進学や、日本の企業への就職、それに結婚など別の課題も出てきます。毎回いろいろなハプニングがある中で、それでも無我夢中にやっているうちにだんだんと環境が整ってきたという印象です」

フィリピン、タイの子どもたち

当初、野の花の家に暮らす外国人はインドシナ難民ばかりだった。だが、1980年代の後半から徐々に変化が生じるようになる。ベトナム戦争終結から歳月が経ったことで、来日するインドシナ難民の数が減り、代わりに日本に出稼ぎに来たフィリピン人やタイ人の子どもたちが保護され、措置されるようになったのだ。

花崎は振り返る。

「1980～1990年代は、たくさんの東南アジア出身の女性がブローカーの手によって日本に出稼ぎに来ていた時代でした。その女性たちがパブなど夜の店で知り合った日本人男性と結婚し、子どもを出産するようになったのです。でも、こうした家庭のすべてがうまくいくわけではありません。むしろ、国際結婚特有の困難も重なって、家庭崩壊が起こることもあり、そうした家の子どもが保護されて施設に措置されてきたのです」

本書で見てきたように、夜の街で出会った日本人と外国人女性の国際結婚には様々な困難が伴い、時には貧困や虐待といった事態が起こることもある。1990年代前後を境に野の花の家で増えだしたのは、そのような家庭から児童相談所に保護された子どもたちだった。

花崎はこうした子どもたちと接する中で、インドシナ難民の子どもとの違いを認めざるをえなくなった。フィリピンやタイにルーツを持つ子どもたちの多くが、虐待、貧困、いじめによる深刻な体験を持っていたのだ。そしてそれがトラウマとして心に刻み込まれ、他人とうまく付き合えない、感情のコントロールができない、自分自身さえ大切にできないといった特性が現れていたのである。

もう一つ、彼らの生きづらさに拍車をかけていたのが、アイデンティティの欠如だ。彼らは母親から母国の文化や、出自の詳細を教えられていないということがしばしばあった。そのせいで、自分のミドルネームの意味すら理解しておらず、「鈴木トーマス大介」という名前だとしたら、「鈴木トーマス」までが苗字だと思っている子がいたり、母親が何人もの日本人と離婚・結婚をくり返しているため誰が実の父親か知らない子がいたりした。

花崎は言う。

「子どもにとって自分が何者であるかを的確に理解することはとても大切なことなのです。社会の中で自分が誰であり、どういう位置づけの人間なのかを把握していなければ、自分はどうありたいのか、そのために何をするべきなのかといった発想が持てません。他者との付き合い方もわからないでしょう。

アイデンティティとは、いわば子どもが自分の人生を築いていくための土台と言えます。土台がしっかりしていなければ、生きていくのに必要なことをその上に積み重ねていくことができないのです。

今でこそ、児童福祉の世界では子どものアイデンティティを確立する手法として、ライフストーリーワーク（子どもの生い立ちを大人が一緒になって構築する方法）などが用いられていますが、当時はそんな概念や方法はほとんどありませんでした。残念ながら、最後までアイデンティティの形成がうまくいかず、うちを出ていった子もいたのです」

かつて私が愛知県の瀬戸少年院で行われていた外国人の矯正プログラムを取材した際に、法務教官から似たようなことを力説されたことがあった。アイデンティティのゆがみが、外国にルーツを持つ子どもたちの人生に大きな影を落としている、と。

人はアイデンティティがしっかりしていれば、それを軸にして「愛する家族のために良いことをしよう」「自分自身に誇りを持ちつつ、他者を尊重して付き合おう」「自分はこういうタイプだから、ここを伸ばして社会で活躍しよう」と考えられる。逆に言えば、アイデンティティが揺らいでいる状態では、そういう思考に至らず、社会適応できなかったり、非行に走ったりしてしまうという。

瀬戸少年院では、こうした子どもたちのアイデンティティの再形成のためのプログラムが用意されていたし、現在の外国人支援団体や施設でも似たようなメソッドを導入しているが、１９９０年代前後にはそうしたものが皆無に等しく、花崎は手探りで外国にルーツのある子どもたちのアイデンティティの再形成という大きな課題に向き合わなければならなかったのである。

親との関係

崩壊した家庭から保護されるのは、子どもたちだけではなかった。日本人の夫から家庭内暴力を受けたフィリピン人やタイ人の妻が、子どもを連れて逃げ出すこともしばしばあった。

日本の法律では、子どもだけを保護する場合と、母子を一緒に保護する場合とでは支援機関が異なる。子どもだけなら児童相談所を介して児童養護施設など子ども専門の施設に預けられるが、母子が一緒だと、自治体の福祉事務所が窓口になって母子生活支援施設（旧・母子寮）に親子で入所することになる。

花崎が大勢の外国人の親子と接していて痛感していたのが、こうした行政の縦割りのシステムに伴う弊害だった。花崎が子どもを通して親が抱えている困難を知ったり、親から直に相談を受けたりしても、児童養護施設という立場では支援対象は子どもだけに限られていたのだ。そこで花崎は一念発起して、１９９１年に自ら民間シェルターを開設することを決める。

花崎は回顧する。

「外国人の母親は支援を求めることにおいて圧倒的に不利な立場にあります。日本語ができないとか、日本の支援機関を知らないといったこともありますし、日本人男性と婚姻関係になく在留資格が切れているために、行政の窓口に助けを求めれば、支援どころか強制送還されてしまうと恐れる人もいました。

私はそういう親子の悩みを間近で見てきたので、自分の手でなんとかしたいと常々思っていました。そこで出した結論が、民間のシェルターを開設して、親子の支援を行うことだったのです。民間シェルターなら小回りが利きますし、不法滞在の母親でも在留資格にかかわらず支援することができるからです。ただ逆に、公的資金を得られないので運営費を一から十まで自分たちで調達しなければならず、その点に関しては本当に苦労しました」

民間シェルターの開設の後押しをしたのが、映画『仁義なき戦い』などで知られる俳優の菅原文太だった。当時、菅原は毎年ゴルフコンペを開催し、1回につき2000万円を集め、アジア関連の支援団体に寄付する活動を行っていた。

花崎はそれを人伝手に聞いて菅原のもとへ行き、民間シェルター設立の構想を説明し協力を依頼した。菅原はこれに賛同し、2000万円に3000万円を加え、計5000万円を初期費用として寄付したばかりでなく、その後も3年にわたって500万円を活動費として援助した。花崎はこの寄付金で民間シェルターを開設し、継続的な運営のための協賛企業を募った。

民間シェルターにはフィリピンをはじめとした多様な国の出身者が集まったが、花崎はそこで親自身も複雑な事情を抱えていることに気がつく。彼女は説明する。

「母親たちと話していて思い知ったのが、子どもだけでなく、母親の側にも幼少期の悲惨な体験があったことです。幼い頃に実の親と暮らしたことがなかったり、親戚に預けられてDVを受けていたりした過去があり、その傷も癒えないまま、若ければ10代でブローカーに日本に連れてこられる。そして半ば強制的に水商売や売春の仕事をさせられてきた。

こうした女性たちの周りには家庭の築き方を教えてくれたり、心のケアをしてくれたりする大人が存在しないことがほとんどです。そんな彼女たちが愛着障害のようになって、男性に依存したり、薬物に手を出したりしてしまったとしても、ある意味で仕方のないことと言えるでしょう。そして彼女たちが出産をした時に、そのしわ寄せが身体的暴力や育児放棄となって子どもに降りかかっていたのです」

人が虐待のトラウマを抱えたまま成長して親となった時、それが原因で子どもに同じような危害を加えるのは珍しいことではない。俗に言う「虐待の連鎖」という現象だ。これが国境をまたいで起きていたのである。

新しい時代の社会的養護

花崎が開設した民間シェルターは、1995年に「FAHこすもす」という母子生活支援施設に生まれ変わった。民間のシェルターは財政的に厳しく、長期化する問題に対応するためにも、財政基盤を整えて事業を継続していくには、法人化するしかないと判断したのだ。

FAHこすもすでは、数カ月から数年かけて親子の心のケアをし、身分関係や在留資格の整理をした上で社会復帰に漕ぎつけることを目的としていたが、ここにたどり着いて社会復帰できる外国人の親子はほんの一握りだった。

大半の外国人の親は夜の街で働く中で常識が大きくゆがみ、子育ての仕方もわからないまま子どもに手を上げたり、育児放棄をしたりする。その結果、子どもだけが保護され、施設へと送られるのだ。野の花の家にいたのは、ほとんどがそうした子どもたちだった。

野の花の家で一定期間をすごした後、彼らがしばしば直面したのが親子関係の断裂だ。施設で理解ある職員に囲まれて生活していれば、彼らの心の傷は少なからず癒され、再び親を慕う気持ちが膨らんで親子関係を修復したいという思いに駆られる。だが、実家にもどったところで、親は何一つ変わっておらず、再び暴力を振るわれたり、金品をたかられたりするといったことが頻繁にあった。

花崎は話す。

「母国の劣悪な環境で育った外国人の母親たちの中には、子どもを自分の所有物のように捉えてしまっている人がいます。子どもは自分の言いなりになって尽くすものと決めつけ、思い通りにならないと、かつて母国で自分がされていたように手を上げてしまう。彼女たちが悪いのではなく、そういう世界しか見せてもらえずに育ってきたのです。

しかし、日本文化に染まった子どもたちは、母親のそうした気持ちや行為を理解できません。子どもからすればなんで叩かれなければならないのか、なんで金を奪われなければならないのかと怒りを感じて反発する。すると母親は、そんなことを言うのは自分の子じゃないとばかりに関係性を切ってしまう。悲しいことですが、文化の違いが親子関係を壊すこともあるのです。

幼少期に虐待され、成長してからもわかり合えないというのは、子どもたちにとって厳しいことです。アイデンティティの問題やトラウマによって前向きに生きていくことが難しくなる。うちの施設にいた子に限って言えば、そうした心の傷によって引きこもったり、仕事がつづかなかったりするケースもありました」

子どもたちにとって幼少期の傷つき体験がトラウマとなって残りつづけると、大人になってからも自暴自棄な行動に走ったり、精神疾患を発症したりすることがある。

だが、児童養護施設が子どもたちの支援をできるのは、原則として18歳までだ。それ以降はアフターケアを継続しつつも、子どもたちは自助努力によって様々なハードルを乗り越えていかなければならない。逆境を跳ね返せる意志の強い子が存在する一方で、心の傷があまりに大きかったり、環境や出会いに恵まれなかったりして人生につまずいてしまう子も少なくない。近年は国もこれに対応すべく動いているが、児童福祉の大きな課題であることは確かだ。

野の花の家では、2010年代に入ったくらいから外国にルーツのある子どもたちが入所することが減っていったという。それまでは入所者の何割かを占めていたのに、いつしか数えるほどになったのだ。

日本で外国人が増加しているにもかかわらず、野の花の家でその姿があまり見られなくなったのには、大きく二つの理由がある。

一つ目が、全国の児童養護施設で、外国人を受け入れる体制が整いだしたことだ。外国にルーツを持つ被措置児童が増えたことで、多くの施設が否応なしに受け入れをしなければならなくなり、野の花の家だけに集中することがなくなったのだ。２０２０年に立教大学の石井香世子教授と朝日新聞が行った調査によれば、全国の児童養護施設と乳児院に暮らす外国にルーツのある子どもは６３７人、全体の３・８％に上ったという。施設によっては何割かの子どもが外国にルーツを持っているということもある。

二つ目として挙げられるのが、在日外国人の出身国とライフスタイルの変化だ。フィリピンやタイから女性たちが出稼ぎに来たのは、主に２０００年代前半までだ。２０１０年代には彼女たちは30〜50代になっており、日本人との間に生まれた子どもたちも思春期〜成人になっている。そのため、児童相談所に保護され、児童養護施設に措置されるような対象年齢ではなくなったのである。

もちろん、2世が産んだ3世が児童相談所に保護されることもある。ただし、日本で生まれ育った3世が抱える問題は、インドシナ難民や2世とは異なるため、あえて野の花の家に預ける必要性はあまりない。そうしたことから外国にルーツを持つ子どもは全国の施設に分散する時代になっているのだ。

花崎は言う。

「日本の制度の変化によって、どの国の人がどのような形で来日するかが異なってきます。たまたま現時点で少なくても、数年後に国際情勢や制度の変化によって別の国の人たちが増えて子育てに困っているなんてことも考えられます。

外国にルーツのある子は、そうでない子と比べれば抱える問題が複雑です。国が不足する労働力を外国人で補おうとするのならば、もう少し外国にルーツのある子のことを考え、きちんと生活できるように支援をするとか、何かあった時のために外国人支援に詳しい専門家を養成するといったことも必要になってくると思います」

日本の産業は外国人なしでは成り立たなくなっており、定住の促進は焦眉の急を告げる課題だ。前述のように技能実習生の多くを占めるベトナム人が日本で家庭を持つ率は低いが、後述するように現在増加しているネパール人は家族連れで日本で暮らす傾向にある。

このことを踏まえれば、日本で外国人の子どもに対する支援の必要性が高まる可能性はあり、新たに支援のセーフティネットを構築することは急務だ。この時、花崎が40年以上にわたって蓄積してきた外国人支援のノウハウが大きな財産となることは間違いない。

対日系人の児童福祉

名古屋から電車で約30分、岐阜駅から徒歩数分のファミリーレストランのソファー席で、私は一人の女性を待っていた。県内の児童相談所に勤める日系ブラジル人の比嘉マリアナ優美だ。

東海地方は日系人をはじめとして大勢の外国人が暮らしていることで知られているが、岐阜県も例外ではない。ブラジル国籍の人の数だけでも、愛知県、静岡県、三重県、群馬県につづいて国内で5番目に多く、可児市、美濃加茂市などは住民の約1割を外国人が占めている。

この地域に暮らす日系人の子どもたちが、野の花の家で見てきた東南アジア系の子どもたちと違うのは、日系人コミュニティを作り、日本人社会とは隔絶した狭い人間関係の中で生活していることだろう。彼らは日系人コミュニティの中でほとんどのことを完結させているので、劣悪な成育環境にあってもなかなか日本社会のセーフティネットにつながることがない。それが人口の割には、保護される子どもの数が少ない要因となっている。

では、児童相談所の職員は、日系人コミュニティの子どもたちの支援をどのように考えているのか。私は県内の児童相談所に30代の日系人の女性が勤務していると知り、現状について話を聞きに来たのである。

日が暮れて暗くなった午後6時過ぎ、比嘉は車で待ち合わせていたファミリーレストランまでやってきた。背が低く日本人的な顔立ちをしているが、ファッションやメイクはブラジル風だ。

比嘉は砂糖をたくさん入れたコーヒーを飲みながら、児童相談所に勤めるようになった経緯を次のように話した。

「私は大学を卒業した後、長らく放課後等デイサービスで日系人の障害児支援の仕事をしていました。当時から児相で非常勤の通訳として、面会での親や子どもの言葉を訳す仕事をしており、たくさんの人たちが苦境にあることを知っていましたが、通訳という立場では直接手を差し伸べることはできません。それでだんだんと児相の職員として働きたいという気持ちが膨らみ、持っていた資格を活かして、児童心理司として働くことにしたのです」

比嘉はブラジルで生まれ育った日系人だ。小学生の頃に、両親が日本へ出稼ぎに行くことを決めたため、一緒に来日することになったのである。

彼女にとって幸運だったのが、母国にいた頃から祖父母に簡単な日本語を教えてもらっていたことだ。日本語や日本文化の基礎知識をある程度身に付けて来日したため、まったくのゼロからスタートする子どもたちより順応が早かった。

彼女はバイリンガルとなって日本の高校、大学で必死に勉強し、社会に出てからは困難を抱える外国人の支援の仕事をしてきた。そんな彼女にとって、日本で困っている日系人親子の支援をしたいと考えるようになったのは必然だった。現在は県内の児童相談所の児童心理司として子どもや親に向き合い、悩み事を聞いたり、解決策を相談したりする業務を担っているという。

比嘉は言う。

「現在、私が勤める児童相談所には1日5～7件の相談があり、多い日はそのうち1、2件が外国にルーツのある子どもの案件です。地域がらブラジル、ペルー、そしてフィリピンの子がほとんどといった印象です。

支援の対象は、一時代前からは世代が一つ下がっています。今の日系人の親世代の人たちは、子どもの頃に日本にやってきた私のような2世です。そして一時保護の対象となる子どもたちは、彼らが産んだ3世に当たる世代です。日系人は若くして出産する子が多いので、世代交代が早いのです」

第一章で見てきたのは、1990～2000年代に親の都合で日本に連れてこられた来日2世たちが社会の壁にぶつかり、ギャング化していく過程だった。最近はこの世代が親となって家庭に問題を抱えることで、来日3世に当たる子どもたちが保護の対象となっているという。

現在の日系人家庭で一体何が起きているのだろうか。

来日1世たちの暴力

今の日系人の親たちが抱えている問題を見ていく前に、もう一度彼らがたどってきた道のりを振り返っておきたい。

来日1世たちの多くは、ブラジルなど母国での生活に困窮しており、そこから脱するために日本語もわからないまま、「日本へ行けば何とかなる」との考えで、短期間のつもりで出稼ぎにやってきていた。それゆえ、彼らは来日後も日本社会に溶け込もうとせず、日系人コミュニティの中で閉じた暮らしをしていた。

彼らにとって想定外だったのは、バブル崩壊の影響もあって日本での報酬が期待していたほど高くなく、滞在期間を延ばさざるをえなかったことだ。大半の者たちが日本語がわからないので、工場をはじめとした3K労働と呼ばれる職場にしか働き口がなく、連日夜遅くまで、時には朝まで働いても、月の手取りは十数万円しか稼げなかった。夫婦共働きでなんとか暮らしていける程度、ひとり親となれば副業をしなければ生活は立ち行かなかった。

そうした家庭の中で起きたのが、親による不適切な養育だった。南米の貧しい家庭で育った1世たちにとって、かつて自分たちがされてきたように子どもに対して体罰を加えることは当たり前だった。

おそらく母国では親族や近隣住民が仲介に入ったり、避難場所を提供していたりしたのだろうが、日本ではそれがないだけでなく、親が精神的に追いつめられているせいで、家庭内の暴力がエスカレートする傾向にあった。

こうした子どもたちが学校の授業についていけず、地域住民からの差別に遭えば、道を踏み外すのはやむをえないことだ。2004年に小島祥美氏（現・東京外国語大学准教授）が岐阜県可児市で300人の外国人の子どもを調査したところ、不就学が8％、不明を含めるとその数は3割に達することが判明したが、その背景にはここで見てきたような劣悪な成育環境があったといえる。

比嘉は話す。

「あの頃の日本政府は、日本にルーツを持つ日系人ならうまくやるだろうと楽観的に考えていた節があります。なのでほぼ無条件にビザを与える一方で、彼らが連れてくる配偶者や子どもの支援など念頭になかった。おそらく日系人の多くが家族を伴わず、単独で来日すると見込んでいたのではないでしょうか。

仮に国が日系人労働者だけにビザを与えることにしていれば、彼らは単身赴任で来日し、数年で帰国するというサイクルができ上がったはずです。その間、子どもたちは母国できちんと教育を受けることができた。しかし、家族みんながほぼ無期限に滞在できることにしたせいで、別の問題が生まれてしまったのです」

パキスタンやイランの人たちは不法滞在による単身での出稼ぎだったため、配偶者や子どもが日本に連れてこられることは少なかったが、日系人の場合は家族全員に在留資格を与えたためにそれが起きてしまったのだ。

当時、比嘉が子ども心にも「国の無計画さ」を感じたのは、日系人の配偶者が非日系人の場合で、彼らが迷走する姿を目の当たりにした時だったそうだ。

入管法では、日系人が非日系人と婚姻関係にある場合は、非日系人にも在留資格が与えられた。たとえば、夫が日系ブラジル人であれば、妻が生粋のブラジル人であっても双方に在留資格が与えられたのだ。だが、日本のストレスフルな生活の中で、夫婦の仲が悪くなって離婚ということになれば、非日系人の配偶者のみが在留資格を失い、帰国しなければならなくなる。

そこで、非日系人の配偶者は、夫婦の関係が少しでも悪化すると、離婚を言い渡されて在留資格を失うことを恐れ、新たに定住者としての在留資格を得るために、早々に別の日系人との恋愛にのめり込む傾向にあった。比嘉はそんな家庭の子どもたちがネグレクト状態に陥ったり、親の恋愛に振り回されたりして、涙を流しているのを何度も見てきたという。

児童相談所は、こうした日系人の子どもに対してどのように向き合っていたのか。比嘉はつづける。

「児相は日系人の家庭に対してはほとんど介入しませんでした。児相にとっても、日系人は『短期間で帰国する出稼ぎ労働者』だったので、無理に家庭訪問したり、保護したりすることがなかったのです。仮に家庭訪問をしても、通訳の数が圧倒的に足りなかったため、家庭の状況を正確に摑んで支援することができなかったでしょう。私の子ども時代を振り返っても、周りで家にいられなくなった子や、児童労働をしていた子が、児相に保護されたというケースは聞いたことがありませんでした」

こうした子どもたちが、すでに見てきたようにギャング化していったのである。

日系人のセーフティネット

どのような人でも家庭を持って子どもを作れば、それまで経験したことのない出来事に翻弄されることになる。家計の問題、子どもの保育園でのトラブル、地域住民との付き合い、子どもの病気や障害、夫婦関係の破綻……。身の回りで起こる新しい出来事に対処していかなければならない。

ブラジルなど南米では人と人との距離が近いため、近隣住民に助けてもらったり、親族に頼ったりしながらそれらを乗り越えるのが一般的だ。だが、母国を離れ、日本で暮らす日系人にはそうしたネットワークが存在しない。

現在、そんな親たちの支えとなっているのが、SNS内の日系人コミュニティだ。たとえば、Facebookに〈S.O.S Mamães no Japão〉というポルトガル語のサイトがある。日本で様々な困りごとを抱えている日系ブラジル人の母親たちのオンラインコミュニティで、4万8000人のメンバーが登録している（2025年1月時点）。メンバーはここで日本全国に散らばる日系人たちとつながり、ポルトガル語で日々の相談をしたり、支援を求めたりしているのである。

サイトに投稿されるSOSの内容は千差万別だ。「子どもを5日間預かってくれる人募集」「離乳食の作り方を教えてください」「粗大ゴミを捨てるにはどうすればいいのですか」「トイレが詰まってしまいました！」「発達障害の子を持つ親とつながりたい」「うちの子どもが不登校になりました」「特別支援学級って何ですか？」……。専門家が回答することもあれば、素人の母親たちがアドバイスをすることもある。

比嘉は話す。

「日本で暮らしている日系ブラジル人は、日本社会に順応している人も、そうでない人も、アイデンティティは〝在日日系人〟なんです。

彼らは日系人コミュニティの中で成り立つ価値観やライフスタイルを持っていて、困りごともそこから発生します。たとえば、ブラジル人の親が日本で亡くなった場合、どこに届け出をし、どういう風に葬ればいいのかというのは、日系人ならではの疑問ですよね。

こうした相談の答えは、日本人に聞いても返ってきません。だから、日系人の間では、S.O.S

Mamães no Japão のようなコミュニティが重宝され、そこで大概の問題解決がなされているのです。ペルー人やボリビア人ならスペイン語のコミュニティがある。今やこうしたSNSのつながりは、日系人のライフラインになっているのです」

1世の世代では、工場の近くの団地、マンション、それに教会などにできた日系人コミュニティが助け合いの場だった。1世たちはそこに所属することによって、困りごとを解決していたのである。2世の場合は、それがSNSのコミュニティに取って代わられているのだろう。

こうしたコミュニティの中で行われる支援は、メンバー間のアドバイスやボランティア的な行為が中心だが、複雑な案件だとそれでは対応しきれないので、「解決屋」を自称するプロも存在する。彼らが専門知識や語学を駆使して、報酬と引き換えに問題を解決に導くのだ。

たとえば、DVをする夫と別れたいと思っていても、女性一人ではなかなかそれができない。そこで離婚問題を専門にするプロに料金を払って依頼し、夫との離婚交渉や親権の決定などを代行してもらう。

プロが担う仕事は、日系人同士のトラブルだけでなく、日本人とのトラブルにも及ぶ。日系人が働いている会社で給料の未払いや不当解雇などがあった場合、日本語が話せなければ話し合いをすることができない。そこでプロに頼み、交渉から裁判まであらゆることを担ってもらうのだ。

成功報酬型のものもあり、相手から和解金を引き出したり、保険が下りたりしたら、その何割かをプロがもらう。むろん、彼らもみな日系人だ。

比嘉によれば、こうしたコミュニティに所属し、恩恵を受けられるのは、日本でそこそこうまくいっている人たちが大半だという。これまで本書で見てきたギャングなど、違法行為に手を染める者たちは「日系人の評判を悪くする人間」としてSNSでブロックされたり、無視されたりすることがあるらしい。また、彼らの方も壁を感じて、進んでかかわろうとはしないという。

比嘉は言う。

「大半の親たちは、2世として日本で育っているので、一生この国で暮らしていこうと考えています。自分たちの子どもにだって日本社会に溶け込んでがんばってもらいたいと思っている。だから、SNSのコミュニティでいろんな問題を共有して、助け合いながら生きていこうとしているんです。

彼らはそうした意識を持っているぶん、日本での自分たちの立場を危うくするような日系人を毛嫌いします。コミュニティでは『あの子はドラッグを売っているからブロックした方がいい』とか『あの子はギャングと仲良くしているから話さない方がいい』という噂が広まります。彼らのせいで自分たちまで悪く思われたくないという気持ちが強いのでしょう。そういう意味では、日系人だからといって、みんなが仲良く支え合っているわけではないのです」

真っ当に生きる2世の人たちには、自分たちは大変な努力をして日本社会で今のポジションを手に入れたという自負がある。だからこそ、同胞とはいえ、それを壊そうとする人たちを締め出そうとするのだろう。

だが、SNSのコミュニティから追い出されれば、その人たちは孤立し、より困難な状況に陥ることになる。日系人で大きな問題を起こし、児童相談所が介入する事態になるのは、往々にしてこの者たちなのだという。

では、セーフティネットを失った2世の人々の家庭では、どういうことが起きているのだろうか。

来日2世たちの困難

日本社会から外れた2世の女性たちによく見られるのが、10代での妊娠・出産だ。

家庭の環境が悪く、社会に居場所がなければ、思春期の女性が心の隙間を埋めるために異性を求めるのは自然の流れだ。ただ、日系人の間には宗教上の理由から人工妊娠中絶を悪と見なす習慣があり、年齢や収入に関係なく、妊娠した時点で出産を決断するのが普通だ。それゆえ、10代の女性が未婚のまま一児、二児の母親になることが珍しくない。

比嘉は解説する。

「日系人が親になる際に、最初に立ちはだかる高い壁が結婚や出産の手続きです。日本で日本人同士が結婚、出産をしようとすれば、行政がすべての段取りをつけてくれて、誰もができる簡単な手順に沿って婚姻届や出生届を役所に出すだけですよね。

しかし、日系人はそうはいきません。国籍がブラジルだとすると、日本だけでなく、ブラジルの大使館や領事館にも必要書類をすべて用意して届け出をしなければならないのですが、その手続きが一人ではなかなかできないほど複雑なのです。

正直、私のような日本語、ポルトガル語をほぼ完璧に扱える人間でも、『ちょっと大変だな』と感じるくらいです。学校でまともに教育を受けてこなかった人には投げ出したくなるくらいややこしいでしょう。そうなると、ひどい場合には、日本の役所にも、ブラジル大使館にも届けを出さないので、子どもが無戸籍になるということが起きてしまうのです」

ブラジル大使館に婚姻届や出生届を出すためには、ポルトガル語のホームページにアクセスし、必要書類をすべて揃えて記入するだけでなく、料金の支払いも求められる。教育を受けた人でもわからないことが多いため、代行業者に手数料を払って届け出をしてもらうことも多いらしい。

教育を受けていない2世に特徴的なのは、日本語だけでなく、母語までも不得意ということだ。日常会話ならできても、公的な文章を読んで理解し、必要事項を漏れなく記入することができない。かといって、生活に困窮していれば、代行業者に依頼することも不可能だ。日本の役所への手続きについては余計にそれが当てはまる。こういう人たちの間で起こるのが「未届」の問題だ。

比嘉はつづける。

「日系人の女性の中には、未婚のままでいれば母子手当（児童扶養手当）がもらえるのであえて婚姻届を出さないという人も結構な数います。彼女たちは日本で安定した職業に就くことができないので、男性と縁がつづいていたとしても、故意に届け出をせずに未婚ということにして母子手当を満額受給します。生活保護を受ける人もいますね。子どもが何人かいればそれなりの額になりますし、これに加えて簡単なアルバイトをしたり、プライベートの時間で中国のオンラインマーケットプレイス〈AliExpress〉などのアフィリエイトをSNSでやったりして収入を得ている子も多いです。うまくやれば、工場なんかで働くより豊かな暮らしが望めますから」

教育を受けられずに育った母親たちにとって、福祉手当にすがるのが一つの生き方になっているのである。

ただし、このライフスタイルには落とし穴もたくさんあるという。よく見られるのが、定職のない日系人男性が、こうした家庭に目をつけ、ヒモとなって寄生することだ。女性の方も育児を一人ですることに疲れ果てているし、寂しさを埋めてほしいという気持ちもあるので安易に交際をはじめてしまう。

この種の男性の中にはたちの悪い者もおり、同棲しているうちにいつしか女性に手を上げたり、パブで働いて貢ぐように促したりする。いったんこうなれば女性は逃れることができなくなるし、暴力が子どもにまで及んだり、ネグレクトが起きたりする。これが3世への虐待となるのだ。

比嘉の話だ。

「児相で私が行っているのは、このような日系人の家庭にかかわり、課題を見つけて解決することです。通報を待っていては埒《らち》が明かないので、普段からリスクの高い家庭と接点を持っておいて、いざという時は自分の判断で介入していくしかありません。あるいは、ネット上の日系人コミュニティのパトロールを行うかですね。

彼らと接していて難しいと感じるのは、虐待を虐待だと認識していないことです。彼らは親から暴力を受けて育ってきて、それが〝ブラジル流のしつけ〟だと教えられてきたので、子育ては手を上げるものだと思っているんです。たしかに親の時代にはそうした風習があったかもしれませんが、現在のブラジルでも体罰は虐待と見なされています。でも、彼らは本場のブラジルのことを知らないので時代遅れの考え方に固執し、自分たちがしているのはブラジルでは当たり前のことだと言い張るのです」

児童相談所の日本人職員が介入する時には、これがさらに高い壁となるそうだ。比嘉のような日系人であれば、共通の言葉で「それは母国でも時代遅れの考えだ」と否定することができるが、日本人職員が日本語でそれを言っても説得力に乏しい。文化の違いが支援を困難なものにしているのである。

きょうだい間のトラブル

比嘉が児童相談所で働きはじめて深刻だと感じたのが、きょうだい間で起こる暴力だ。

親が工場の夜勤や、パブの仕事によって、家に子どもを放置すれば、それはネグレクトとなって子どもたちの心を傷つける。このようにして育った子どもたちは、ある程度の年齢になるとそのストレスをきょうだいに対してぶつけることがあるらしい。

比嘉の言葉である。

「家でちゃんと親から愛情を受けていない子どもたちは、そうでない子と比べてストレスを抱えやすい状態にあります。にもかかわらず、親が工場やパブの仕事で帰ってこず、朝まできょうだいだけですごすことになれば、いろいろなトラブルに発展しかねません。

年下のきょうだいが、発達障害や知的障害、あるいは身体障害があると、事態は一気に複雑化します。兄や姉が手に負えないと考えて暴力をどんどん激しくしていったり、必要なケアを放棄したりする。きょうだい間で虐待が起こるのです。

けど、両親はそのことに気づかない。仮に被害に遭っている子どもが訴えても、親は実態を知らないので『仲良くしなさい』で片づけてしまう。それで暴力がどんどん悪化していくのです」

実際に起きた例だと、とあるブラジル人家庭に中学生の兄と、知的障害のある小学生の弟がいた。親はダブルワークで夜は家にいなかったが、二人が仲睦《なかむつ》まじくすごしていると思っていた。だが、弟に円形脱毛が見つかったり、急激に痩せたりしたため、親が心配して小児病院へ連れて行ったところ、背中一面に煙草の火を押し付けた火傷の痕があるのが見つかった。一体誰がやったのか。いくら尋ねても、障害のある弟は答えようとしない。

親は「学校でいじめられているに違いない」と考え、学校にクレームをつけた。すると、弟はいじめられているどころか、ほとんど学校に登校していなかったことが明らかになった。そこで学校も交えて調べたところ、兄が日々のストレスから弟を虐待していたことが明らかになったという。

比嘉によれば、異性間だとさらに深刻化するという。

「きょうだいの性別が異なる場合、暴力が性加害になることもあります。深夜に二人ですごしているうちに、兄が妹に性行為を強要したり、弟が姉に甘えているうちに性行為を求めたりといったことがあるのです。

児相の仕事で見ていて特にリスクが高いと感じているのは、再婚家庭で育つ子どもです。再婚家庭の場合は、親同士の連れ子が一緒に暮らしている割合が高く、血のつながりがありませんので、そうでない家より性加害に発展する危険性が高まるのです。

近親相姦が起こると、よほどのことがない限り、子どもや親が日本の児童相談所に通報することはありません。発覚するのは、女の子が妊娠して病院のお医者さんに事実を打ち明けるケースとか、周りの誰かが知って学校の先生に相談するケースがほとんどで、水面下でどれだけの被害があるのか未知数です」

再婚家庭では、父親から血のつながっていない娘に対する性的虐待もしばしば報告されるという。妻が夜の仕事をしている場合、夫は妻の連れ子と二人きりになることがあり、そこで手を出すのだ。

発達障害、知的障害

児童相談所の対応案件で、虐待につづいて多いのが発達障害、知的障害の相談だそうだ。

そもそも日本には外国人の子どもの発達障害、知的障害を正確に診断できる機関の数が少ない。英語はともかく、ポルトガル語やスペイン語といった言語での検査環境を整えているところが極めて少ないためだ。日本の医療機関で通訳を介して検査を受ける方法もあるが、日本で生まれ育った3世は日本語だけでなく、ポルトガル語やスペイン語すら不得意ということがあるので、診断は容易ではない。

統計の上でも、外国人が障害の診断で不利益を被っているのは明らかだ。公立の小・中学校に設置された特別支援学級に通うのは、日本人の子どもの場合、全体の2・54%なのに対し、外国人ではその2倍以上の5・37%となっている。障害の発生率は人種によってさほど変わらないという前提に立てば、外国人が不必要に特別支援学級に通わされていることがわかるだろう。

比嘉が直に知っているケースでは、ブラジル国籍の健常な男の子が内気で受け答えがうまくいかなかったせいで、地域の医療機関から知的障害があると診断され、特別支援学級に通わされたそうだ。この子は中学2年の時に最初の診断が間違っていたことが明らかになったが、小学生時代をずっと特別支援学級ですごし、年齢相応の教育を受けてこなかったため、学力どころか、日本語の習得まで大幅に遅れ、小学校からやり直さなければならなくなったという。

比嘉は話す。

「発達障害に関して言えば、親の無理解も目立ちます。2世の親が子どもだった頃って、今ほど発達障害に関する情報がありませんでしたし、言葉の不得意な彼らにはそうした情報が届くことはほとんどありませんでした。だから、親になって、医療機関で子どもがＡＤＨＤだとかＡＳＤだとか診断されても、それが何なのかを理解できないのです。ポルトガル語に翻訳された冊子なんかを渡されても最後まで読む人はいません。

本来、親が発達障害の子を育てようとしたら、きちんとその特性を捉え、適切な対応をする必要があります。しかし、こういう親はそれができないばかりか、多忙や生活困窮から虐待のようなことをしがちです。子どもが想定外の言動をするので、感情的になって体罰を加えるとか、話が通じないから相手にせずに放置するとか。このような行為が、ただでさえ生きづらさを抱える外国人の子どもたちに余計な困難を背負わせてしまうのです」

日本人であっても、子どもに発達障害、知的障害があった場合、親が子育てに手を焼いて虐待に走るリスクが健常児と比べて数倍から十数倍高くなるといわれている。情報弱者の日系人であれば、それがより高まることは想像に難くない。

こうした家庭の対応で比嘉が手を焼いているのが、親にまで障害があるケースだ。発達障害は一定の割合で遺伝するとされていて、親子双方が障害者であることは決して少なくない。

親に障害があると、子育ては非常に大変なものになる。集中力がつづかずに家事ができない、子どもの気持ちを汲み取ることができない、子どもがルールを破るとパニックになる……。

こういう家庭に児童相談所が介入した場合、職員は親に自分自身の発達特性を理解させ、子どもへの接し方を改善させることになる。たとえば、あなたは多動の傾向が見られるから、子どもに接する時はこのようにするべきです、と導くのだ。だが、彼らは世代的に障害の診断を受けておらず、自分に問題があるとは考えていない。あくまで悪いのは子どもという思考なのだ。そうなると、親の意識や子育ての仕方を変えるのは難しくなる。

比嘉は言う。

「親に明らかな障害があって、それが原因で虐待が起きていて改善が難しいとなれば、児童養護施設入所などの措置になるのが普通なんです。少なくとも日本人の場合はそうなりますね。でも、子どもが外国人で障害があれば、その判断を下すのは簡単ではありません。施設の側で受け入れ態勢が整っていなければ、その子にとっても、一緒に暮らす他の子にとっても良い結果にならないわけですから。施設の職員についても、語学も含めてそれだけの高い能力を持っている人はなかなかいません」

これは野の花の家の取材で教えられた課題と同じものだ。措置自体が難しいとなれば、親子を同居させたまま児童相談所が家庭ごと支援していかなければならないが、比嘉のような日系人の支援者が密接にかかわっていかなければ効果は乏しいだろう。

日本の制度の限界

比嘉の話を聞く限り、日本の児童福祉は、在日外国人の子どもに対して適切に機能しているとは言い難い。

文科省の調査によれば、日本には約15万人の外国人の子どもが暮らしており、日本語指導が必要なのは約7万人に上るとされている。日本国籍のハーフも含めれば人口はさらに増えるが、日本の児童福祉は日本人の両親から生まれた子どもをメインターゲットとして作られているため、外国人の子どもはどこまでも「例外」であり、網の目からこぼれ落ちやすいのだ。

比嘉は話す。

「私としては、国はもう外国人の子どもに対する福祉制度のあり方を抜本的に見直す時期に来ていると思います。外国にルーツがある子どもがここまで増えてくれば、もはやそれ専用の制度や対策を用意しなければならないでしょう。たとえば、外国人のための特別な支援員を用意するとか、外国人のための施設を設けるとかいったことです。

児相のことについて言えば、日本人対応と外国人対応とでルールを変えていくことも必要です。たとえば、日本人を対象にするなら、親との面会の時間を何時から何時までと細かく決めるとか、深夜にナイトクラブに出入りさせないといった指導はいいと思います。日本人のライフスタイルに合っている。

しかし、それが外国人に当てはまるかと言えばそうではありません。外国人の時間に関する考えはもっと緩いし、ナイトクラブが家族にとっての遊び場の一つだったりするので、日本の価値観に従わせることにあまり意味がないのです」

比嘉が児童相談所の職員として早急な改革が必要だと感じているのが、職員の間に存在する

「職員は被支援者とプライベートの関係を持つべきではない」という暗黙のルールだそうだ。

日本の児童福祉の世界では、支援者と被支援者の距離が近すぎると、不要なトラブルが発生しかねないと考えられている。その親密な関係性ゆえに、支援者が客観的な判断が下せなくなる、業務の範疇を超える対応が求められる、内部の情報が漏れるといったことが起こり、業務を円滑に遂行できなくなるとされているのだ。ゆえに、児童相談所では、職員はあくまで第三者という立場で相手とは一定の距離を置き、プロフェッショナルとして振舞うことが求められる。

一方、外国人、たとえば日系ブラジル人の感覚だとそうではない。彼らは、たとえ専門家であっても、自分との距離を感じる支援者を信頼しようとしない。それより、日頃から友人として付き合ってくれていて、家族同然の存在だと感じられる人にだけ本音を漏らし、聞く耳を持つ。彼らが欲しているのは、高い専門性より、どれだけプライバシーを共有し、自分のことを親身に考えてくれるかということなのだ。

こうした日本人とブラジル人の違いを踏まえると、児童相談所の職員が日系ブラジル人の支援をするためには、日頃から私的な関係を構築する必要がある。プライベートの連絡先を交換する、家族や友達を紹介し合う、お互いの家を行き来するといったことで、信頼関係を厚くしておくのだ。それがなければ、いざ何か起きた時に手を差し伸べようとしても、ブラジル人はそれを受け入れようとはしないらしい。

比嘉は言う。

「本来、ベストな支援のやり方は相手によって違いますよね。特に国や文化が違う場合は、相手の国や文化に合わせていかなければなりません。ここは日本だからと言って、外国人に対して日本流のやり方を押しつけてもうまくいかないのですが、それをやっているのが現状なのです。強い言い方をすれば、現在の児童相談所の外国人への対応は、丸いものを四角い箱に無理やり入れようとしているようなものです。ルールだからといって日本人のやり方を強要しても、それが通用するとは限りません。私としては、児相の外国人対応は、日本人のそれとは別のものとして行うべきだと思っています」

本書で見てきたのは、日本の児童福祉に引っ掛からなかったがゆえに、社会を漂流することになった子どもたちの姿だ。急速なスピードでグローバル化が進んでいく現代において、彼らを「外国の子」と見なしていつまでも放置すれば、今まで以上に治安をはじめとした諸問題が深刻化するのは自明だ。

こうした時代の中で道を踏み外す子どもたちを減らすには、比嘉が主張するように、児童福祉のあり方を、日本人のみならず、外国人にも合わせていく必要があるだろう。40年前にそうだったように、野の花の家のような一部の志の高い団体や支援者にその任務を押し付けるのではなく、日本が多様な国籍の人々が暮らす国であることを前提にして、支援のあり方をそれに合った形にするべきなのだ。そのためには、子どもたちが社会からこぼれ落ち、困難を抱えるプロセスに目を向ける必要がある。

比嘉はインタビューの最後に、ある体験を語ってくれた。ある10歳の日系ブラジル人の男の子がいた。この子は親からの虐待から逃れるため、深夜の駐車場で眠っていたところ、警察官に発見された。比嘉が初めて会った時、彼の歯は虫歯で真っ黒になり、伸びきった爪は割れていた。

比嘉は身元を確認するために親について尋ねたが、はっきりとした答えが返ってこない。仕方なく、「親はブラジル人でしょ?」と尋ねたところ、彼はこう答えた。

「ブラジル? 僕のお父さんやお母さんの名前はブラジルじゃないよ」

男の子は日系ブラジル人でありながら、ブラジルという言葉すら知らなかったのだ。比嘉は言った。

「ブラジルは国の名前だよ。聞いたことない?」

男の子は無表情で首を傾げるだけだった。比嘉はそれを見ながら、この子のアイデンティティはどうなってしまうのだろうか、と思って背筋が凍ったという。

メディアによって取り上げられることは少ないが、日本社会の水面下ではこうした子どもたちが人知れず生まれているのだ。放っておいても、彼らは数年後には成人する。外国人支援を疎《おろそ》かにしたままにするというのは、こうした大人を日本社会で増加させることなのである。

10年後の日本を思った時、私たちがこういう子どもたちに何をするべきなのだろうか。安易に多文化共生などと聞こえのいい言葉を濫用する前に、一度立ち止まって冷静にそのことについて考えるべき時期に来ていることは確かだ。

あとがき

本書では主に、ブラジル、ペルー、フィリピン、コロンビア、中国、ベトナムなどにルーツを持つ来日2世の中でも、道を外れた者たちの生い立ちと現状にスポットを当てて掘り下げてきた。

まえがきでも述べたことだが、あえてこうしたテーマを取り上げたのは、外国人＝犯罪者という愚かな偏見を助長させるためではない。社会適応に失敗した移民たちの問題が国際問題化し、日本でも似たような者たちの起こす事件が頻繁に報じられるようになった状況を踏まえ、彼らを取り巻く劣悪な成育環境や苦悩を可視化させることによって、これまで見えてこなかった日本社会のあり方に光を当てたいと思ったからだ。

総じて言えば、日本は減少する労働力を補うために外国人労働者を招き入れたが、そのずさんな政策ゆえに家庭崩壊が頻発し、子どもたちが社会のレールから外れていくことになった点は、どの国の外国人労働者においても共通している。

ただ、彼らのコミュニティや犯罪のあり方は、国籍ごとに大きく異なる。南米出身の日系人は同胞だけのグループを作って主に日系人コミュニティの中で活動したが、日本人とフィリピン人との間に生まれたハーフの子どもたちは両国を股にかけたビジネスを展開した。また、中国残留日本人は後から来日してきた中国人犯罪グループと手を結ぶことを選んだ。

外国人労働者の日本での生き方や犯罪の手法は、メディアでもほとんど語られることがなかったものだ。日系人コミュニティの中にある〝ファミリー（家系）〟、多国籍団地や入管で生まれる人間関係、夜の街における暴力団との棲み分け、インドシナ難民の世界にまたがる親族のネットワークなど、同じ日本で暮らしていても耳にしたり、目にしたりすることのまったくない世界だ。

だが、彼らの境遇に照らし合わせれば、これらは起こるべくして起こったことと言えるだろう。彼らは日本で自分たちが置かれた状況の中で、生き残れる術を必死になって見いだしただけなのだ。逆に言えば、日本が彼らを社会の隅に追いやり、そうさせた一面もある。

にもかかわらず、日本人の間には自分たちの非を棚に上げて、いまだに外国人労働者を〝駒〟のように見なしている人たちも少なくない。メディアが外国人労働者の犯罪を報じると、人々の間からは判で押したように「国に強制送還しろ！」という声が上がることが如実にそれを物語っている。

今後の日本では少子高齢化がますます進み、これまで以上に労働力を外国人に頼らなければならなくなる。現実に、地方の一次産業は彼らなしでは成り立たないところまで追いつめられている。そのような中で、今も、そして近い将来も、外国にルーツを持つ子どもたちが増えているのだ。

たとえば、日本で在日外国人のうちの多くを占めるベトナム人は、すでに記したように単身で来日しており、家庭を築いて2世をもうけることはあまりないとされているが、必ずしもそうではない。

私が10年来のかかわりを持っている特別養子縁組の支援団体「NPO法人 Babyぽけっと」では、コロナ禍が収まって以降、ベトナム人をはじめとした外国人が産んだ子どもが特別養子に出されるケースが急増している。技能実習生や留学生の女性が恋人との間に子どもを産んでおきながら、経済的な事情や未婚であることを理由に特別養子に出しているのだ。こうした子どもを引き取って育てるのは、日本人の夫婦だ。

特別養子縁組の制度は、育ての親がその子を実子同然に育てられることを可能にするものであり、その子の未来を守るのに必要なものだと思う。しかし、外国にルーツのある子どもは、日本人の夫婦から生まれた一般的な特別養子より一層困難な現実に直面することが推測できる。

地域や学校の人々は一人だけ肌の色の違う子をどう受け止めるのか、育ての親はその子が特別養子に出された経緯をいかに説明するのか、その子のアイデンティティはどうなるのか……。こうしたことが、彼らの人生に及ぼす影響は、10年先、20年先にならないと見えてこない。

また、近年の日本ではネパール人の移民が急増している。その数は2024年末の時点で20万人に達しており、わずか10年で6倍に増えた計算だ。

ネパール人は家族のつながりが強く、最初に父親が単身で日本に渡ってきてインド料理店などで働いた後に、独立をするなどして生活が安定してから、母国に残してきた妻や子どもを呼び寄せる傾向にある。

父親が日本社会に溶け込むまでそれなりの年月がかかるため、10代の半ばを過ぎて呼び寄せられる子どもも少なくない。それは彼らが母国で培ってきた人間関係や人生設計がいきなり壊され、言葉も文化も知らない日本で一から何もかもはじめなければならないことを示している。

幼い頃に来日する子に比べれば、思春期の子たちが日本社会に溶け込むのは容易ではない。母国に長らく預けられたフィリピン人ハーフや、思春期に来日した日系人がそうだったように、日本語の学習や文化の習得に苦労しているうちに自暴自棄になって道を踏み外す者も出てくるのは必然だ。

実際に、2019年には東京都の新宿や蒲田を拠点にしていたネパール人不良グループメンバーが傷害容疑等で相次いで逮捕されたことがニュースになり、それによって「東京ブラザーズ」「ロイヤル蒲田ボーイズ」といったグループの存在が知れわたった。私はメンバーを取材したことがあるが、グループは男女混在であり、その多くは親の都合で来日し、社会に居場所を見つけられなかった2世たちだ。

また、彼らがSNSやネパール人専用のバーで知り合った留学生や技能実習生を妊娠させることも起きている。ネパール人不良グループの男性が、来日間もないネパール人女性をたぶらかすのだ。彼らに結婚の意思はないし、女性の側も育てることができないので、最終的には乳児院に預けるか、特別養子縁組に出すことになる。

このように見ていくと、本書で紹介した2世たちの物語が決して過去のものではなく、現在進行形でつづいていることがわかるだろう。そして世界情勢がほんの少し変わったり、日本の外国人受け入れ制度が改まったりした途端、再び別の国から移民が流れ込んでくるのである。

日本にとって外国にルーツを持つ子どもの支援が火急の課題であることは明らかだ。それは国が制度を少し変えれば済むという話ではない。重要なのは、そうした子どもたちと直に接する一般の日本人が、彼らとどう向き合い、行動していくかなのだ。そのためにも、私たちは本書にちりばめられたような外国にルーツのある人たちの声に耳を傾けなければならないのである。

二〇二五年三月

石井光太

※外国人については原則として本人が名乗った名前で記載しているが、ニックネームを通称とすることがあるため本名とは限らない。また、職業や安全上の理由から匿名を希望した人物については仮名を用いている。

〈著者プロフィール〉
石井光太（いしい・こうた）
1977年東京都生まれ。作家。国内外の貧困、災害、事件などをテーマに取材・執筆活動をおこなう。著書に『物乞う仏陀』『「鬼畜」の家』『43回の殺意』『本当の貧困の話をしよう』『ヤクザ・チルドレン』『ルポ 誰が国語力を殺すのか』『ルポ スマホ育児が子どもを壊す』など多数がある。2021年『こどもホスピスの奇跡 短い人生の「最期」をつくる』で新潮ドキュメント賞を受賞。

初出 「小説幻冬」2024年6月号～2025年1月号

血と反抗
日本の移民社会ダークサイド
2025年4月15日　第1刷発行

著　者　石井光太
発行人　見城 徹
編集人　菊地朱雅子
編集者　小木田順子

発行所　株式会社 幻冬舎
〒151-0051　東京都渋谷区千駄ヶ谷4-9-7
電話　03(5411)6211(編集)
03(5411)6222(営業)
公式HP：https://www.gentosha.co.jp/
印刷・製本所　中央精版印刷株式会社

ISBN978-4-344-04423-4　C0095

この本に関するご意見・ご感想は、
下記アンケートフォームからお寄せください。
https://www.gentosha.co.jp/e/